令和時代に活かす『易経』

（〝陰〟の時代の生き方）

今西　宏康

目次

救世の書に期待して

黒住教名誉教主　黒住宗晴

科学技術の恩恵にどっぷりとつかり、まさに物で栄えてはいるものの無機質な人間関係、どろんと沈んだような倦怠感、不安感で心が滅びるような人の多い今の時代に、まるで異星軍が攻撃してきたかの如きコロナウィルスの登場です。コロナに蹂躙され慌てふためき、あるいは他人事のようにのう天気でいた人も恐れおののき迷い、逼塞している人の多い日が続いています。

〝迷えば魔寄ると申して、人の心が迷う時は、その虚へつけ込み、悪魔がより集まりて様々の因果たたりをいたす。油断はならぬぞ。〟と警告した江戸時代の達人がいますが、首肯するこの頃です。こういう時は立ち止まって、元に立ち返ることです。いわゆる原点回帰のときではないでしょうか。

私など、若い頃に先輩から四書五経のひとつでも繙いてみろと言われたものの、論語を垣間見た程度の者にはその大元の元である易経は遠い世界で終わっていました。著者今西宏康氏の若きよりの厳しい日々を、易学を学び易経に活路を見出した本書に、この歳になって改めて反省させられたことでした。負うた子に教えられたとはこのことで、今西氏の父君通好氏と岡山朝日高校の同期の私は、この書に接してさすが〝鷹の子は鷹〟と感心すること頻りです。

通好氏は俊才として聞こえていたが商社を志して神戸大に進み、中央でどんな人になるかと仰ぎ見たことでしたが、久しく会わないうちに気がつくと岡山に帰って事業家として活躍されていました。しかも、次々と仲間と、更に若い人にも呼びかけて人間学講座のような場を重ね、今は〝吉備学〟と称して郷土岡山の古代吉備国の研究と顕彰に余念のない人になっているのです。

かの碩学安岡正篤先生も若きより求め続けた易学、易経に更に挑む、好漢今西宏康氏に心からのエールを送り、本書が救世の書とならんことを期待することです。

序　「令和」という時代を読む

21世紀に入って20年、日本国では皇位継承もあって元号も「令和」となった。この新元号は初めて国書から採られたということで評判がよい。先帝の生前譲位による代替わりということもあり令和時代は祝賀ムードに包まれて始まった。即位礼など一世一度の記念式典も晴れやかであったが、男子皇族の激減を世界に知らしむる場ともなった。今後令和時代が何年続くか分からないが、「平成」の流れを受け継ぎつつもさっそく別の景色が見え始めている。

一言で言えば「令和」は〝陰〟の時代である。冒頭からかような発言をするといぶかる向きもあろうから補足するが、〝陰〟と言えば記号で表せば－《マイナス》。＋《プラス》の〝陽〟に対してどうしてもネガティブイメージがある。が、古代中国で発案された〝陰陽〟の二元論思想において、陰陽は互いを補完する不即不離の関係にあってそこに優劣はない。〝陰〟の時代だからといって悲観する必要は全くないのだ。ただ、かつての「昭和」（〝陽〟の時代）とは対極的な時代であり、人の生き方も変えねばならぬということは断言できる。

「元号」というのは現在日本だけに残る制度だが、日本史を語るとき欠かせない指標となっている。歴史に詳しくない方でも普通の日本人（日本の義務教育を受けた人）であれば古代の「大化」とか「天平」、中世なら「建武」とか「応仁」、近世なら「元禄」とか「享保」「寛政」などの元号は馴染みがあろう。まして近代の「明治」「大正」「昭和」については、〝遠くなりにけり〟などと言われつつもそれぞれに明確な「時代性」をイメージできるはずだ。例えば長かった「昭和」は戦前を〝陰〟、戦後を〝陽〟と見なせばみな頷《うなず》かれるだろう。筆者の幼少期などはちょうど高度成長時代、正に〝陽〟が横溢した時代であった。

一方直近の「平成」については、先帝が存命中でもあり、その「時代性」についての論議は時期尚早かと思われる。が、「昭和」を経験した（筆者を含む）中高年世代にとっては、前代との比較で「平成」

時代を総括できるようにも思える（筆者は「平成」を「陽」から「陰」への過渡期と見る。詳しくは4章）。
皇室研究家の所功《ところいさお》先生は「『西暦』は文明、『元号』は文化」と評されたが、「文化」というのはそれぞれの時代を象徴し、もちろん時代と共に変転する。逆に言えば「元号」は変転する「文化」を一定期間まとめて差別化する場合によく使用される（天平文化とか元禄文化とか）。筆者思うに「元号」には「文化」の一環として国民間に「共時性」（有意味な偶然の一致）を生じさせる効果がある（共時性については後述します）。だからこそ過去の元号名を聞くだけでその時代特有のイメージを共有できるのだ。

さて、では始まって間もない「令和」についてその「時代のイメージ」を云々できるものだろうか？少なくとも歴史学者にはできまい。歴史学者にとって〝想像と予断〟はタブーだからだ（ランケ主義史学の掟《おきて》である。この点でトインビーなどは〝歴史学者〟たりえず〝歴史家〟とされる。司馬遼太郎のような〝歴史作家〟はさらにフリートークを許される）。裏返して言えば、今の段階で「令和」の時代的イメージを語るには語り手独自の〝想像と予断〟が欠かせない訳で、そのことは予めお断りしておかねばならない。

開き直る様だが、そもそも本稿が原典と仰ぐ『易経』こそ、正に〝想像と予断〟の手掛かりについて詳述した経典なのである。一方で『易経』の所説を非科学的として拒絶する向きも昔からある。それでも敢えて『易経』（以後単に「易」とする）に基づいて「令和」の時代性分析をしようとするのはひとえに（自称）歴史作家たる筆者の危機感の発露に他ならない。聞けば20世紀を代表する歴史家アーノルド・トインビーも大著『歴史の研究』を執筆中「易」の思想にも学んだといわれる。その結果、彼は歴史家の枠を超えて「文明興亡の定式化」に踏み込み、あの名著を書き上げたのである。（トインビーの『歴史の研究』も今般改めて読み返すべき書物の一つであろう）。

今、〝想像と予断〟によって過去から未来を展望した時、筆者には恐るべきイメージが想起されるのだ。トインビー流に言えば〝世界全体が文明の末期段階に来ている〟ように見える。（僭越ながら「易」を学ぶ目的はそのような眼力を身に付けることであると筆者は思う）。


筆者が初めて「易」を学んだのは20代後半（平成3年頃）だった。当時サラリーマン生活になじめず、結果無職となって貯金を崩しながらボーッと生きていた。偶《たま》々（と言っておくが）奈良県天理市で臨床心理学者の河合隼雄先生（その後文化庁長官などを務めた碩学）の講演を聴いたのだが、その中に「易」の話が有った。後日先生の著作『宗教と科学の接点』を読んで「易」の根底に存する「共時性」（ユング心理学の原理の一つ）に共感し、さっそく独学で「易」を勉強した（この頃《ころ》同時に四柱推命や九星術などもかじったが、やはり「易」に勝る思想は無いと思った）。やがて貯金も底を尽き、社会復帰して再びサラリーマンとなったことで「易」どころでなくなったのだが、深層心理には残っていたようだ。半分隠居した今になって改めて「易」で説かれる「天地の理《ことわり》」なるものを実感するからである。

さて繰り返すが、21世紀も20年を経ていよいよ大いなる「時代性」を顕現しつつある。文芸評論家の斉藤美奈子女史は21世紀の「時代性」の一面を「ディストピアの時代」と評していたが、言い得て妙である。前世紀末の「阪神大震災」に始まり、「9・11同時テロ」「東日本大震災」「福島原発事故」…そして地球温暖化と大型台風・集中豪雨、少子高齢化による人口減少と地方衰退、そして新型コロナウィルスによるパンデミック…。まるで『方丈記』が描いた平安朝末期の〝末法の世〟の如き様相を呈しているではないか！鴨長明も天で眉をひそめているに違いない。

そう、今日《こんにち》、「令和」には明らかに激動の時代となる兆候が見て取れる（その象徴こそが〝皇室の危機〟

ではなかろうか）。大多数の日本人の深層心理（ユング流に言えば「集合的無意識」）に〝将来への不安〟が生じている。皮肉なことにそれが〝現状維持〟という消極的姿勢に転じ、ひいては現下の長期政権を生じさせていると思われる。しかしそういうモラトリアムはいつまでも続かない。言葉はきついが〝楽園に座して死を待つゆで蛙〟というのが今の日本の姿ではないだろうか？（百田尚樹氏のディストピア小説『カエルの楽園』にはある意味慧眼を感じるが、惜しむらくは「易」の思想が欠けている）

政治家を筆頭に社会の「リーダー」的立場にある人達の姿勢がこれほど問われている時代はない。今こそ古来「帝王の学」として読み解かれてきた『易経』を読み返す時である。

かく言う筆者もとある地方自治体の政治に関わる（あるいは関わろうとしている）立場にある。それがこんな本を書き始めた動機ともなっているのだが、社会的立場はどうであれ同時代の日本人たる以上「令和」の「時代性」と無縁で生きることはできない。その宿命を痛切に感じるからこそこの場を借りて声を上げようとしているのだ。『論語』で孔子が語った「五十にして易を学べば大過なかるべし」の真意を今こそ活かさねば、と思うのである。

決して警世家ぶる積もりはないが、ここまで読まれて少しでも賛同される向きがおありなら、ぜひ最後までお付き合い頂きたい。時間的制約があるなら4章と5章を先に読まれることをお勧めしたい。（どこから読んでもそれなりに役立つと思いますが）。

この際本稿の構成を明らめておきます。1章は序論として日本が「易」を受容する前後の思想史的背景について振り返る部分。多少の脱線はご容赦願いたい（飛ばして読んでも結構です）。

2章は本題の『易経』について主に実践面に着目して解説した部分。やや難解かもしれないが「易」

の考え方の基礎を確認したい方は必ずお読み願いたい。筆者の体験談も披露します。

3章は日本における「易」の通史として設けたが、日本では長らく「陰陽道」の陰に「易」が隠れていたことから「陰陽道」の話が多くなった。脇道の部分なのでお急ぎの方は飛ばして読んでも構いませんが、章末（近現代）の部分だけはお目通し願いたい。

4章は筆者による現状分析と提言である。『易経』は本来為政者への提言として編まれた経典なので長らく「帝王学」や「リーダー論」の拠り所として読まれてきた。ここでは筆者なりにその経緯を踏まえつつも「リーダー論」に捉われず全国民に向けて書き下ろしたので、出来るだけ多くの方々に読んで頂きたい（ただ最後の〝新型コロナ・パンデミック〟についての部分は後年加筆するかもしれませんが）。

5章はまとめ（総括）であるが、4章をさらに発展させた随筆と言ってもよい。勢い筆者の〝妄言〟も含まれるが、ぜひご一読頂いて忌憚の無いご感想ご意見を賜れれば筆者望外の喜びとなりましょう。

1　日本の固有思想と外来思想

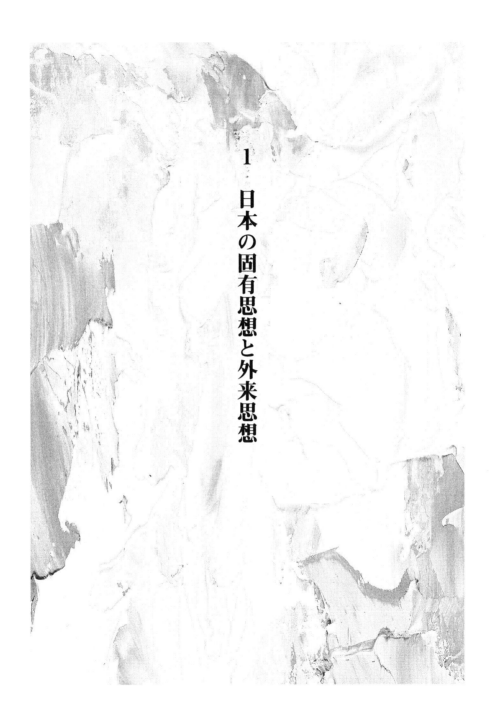

そもそも「易」（『易経』）という思想は朝鮮半島経由で日本にもたらされた古代中国の思想である。その経緯は後の章で述べるが、従来の「日本思想」あるいは「日本の生活文化」の多くがその根源をユーラシア大陸に持つことをまず再確認したい。例えば日本の食文化の柱である米《コメ》からして大陸由来であるし、漢字、儒教、道教、仏教そして暦や律令制度に至るまで、古代の日本文化の基本的要素はほとんど「渡来人」によって大陸からもたらされた。6世紀末聖徳太子（実は推古天皇）が始めた遣隋使や、その際隋の皇帝を怒らせたという「日出ずる処」云々の国書事件を鑑みても、日本が中国文化圏の辺境だったことは明白である。

だが、日本に固有の思想・文化が無かった訳ではない。それは米《コメ》すなわち弥生文化の象徴たる稲作が伝わる以前、縄文時代の文化に求めることができよう。あの縄文式土器を見ても、明らかに弥生時代以降の日本の焼き物と毛色《けいろ》が違う（備前焼などは純然たる弥生式土器の流れである）。

歴史学者武光誠氏の説によれば、縄文時代の日本人の心象風景は出雲神話（特に大国主の話）に名残りを留めているという。〝名残り〟と言ったのは、弥生人である大和の王権は〝縄文人〟出雲の記録を〝抹消しようとした〟からである。その結果かどうか分からないが、正史である『日本書紀』（養老4（720）年完成）中では出雲神話は大国主の「国譲り」だけとなっている。だがその8年前（和銅5（712）年）に上梓された『古事記』においては、出雲神話の英雄大国主の活躍が連綿と綴《つづ》られているのだ（もちろん核心は「国譲り」の話だが）。

『古事記』については近世の国学者本居宣長が聖典扱いし、ライフワークとして注釈書『古事記伝』を書き上げた。本居は『古事記』こそ日本の固有思想の原典であるとして絶対的な信頼をおいていたのだが、果たしてそうだろうか？彼の後継者と目される平田篤胤などは最初から『古事記』を疑問視している（篤胤は文献資料そのものを頼りにせずむしろ祝詞《のりと》や神楽など口承文芸に着目していた）。

最近では東京教育大の歴史学者家永三郎氏が、「8世紀に完成した『古事記』には既に外来思想（主に仏教）の影響が随所に見られる」と指摘された（『上代仏教思想史研究』）。仏教公伝が6世紀（水面下ではもっと早期）だったことを考えれば影響が無いはずがないとも思われる。『古事記』のあと正確な漢文で書かれた『日本書紀』（そこには『易経』の用語が多数出てくる）や各地の『風土記』が外来思想の洗礼を受けていることは言うまでもない。（唯一『出雲国風土記』だけは類書から隔絶した独特の内容を含むため例外としておく）。

とにかく『古事記』より古い文献が無い以上、文献学的に日本の固有思想を辿《たど》ることはできない。そこで折口信夫などは民俗学という方法も用いたのだが、彼の『古代研究（民俗学篇）』を見る限り目的達成には至っていないようだ（多くのヒントは示しているが）。

一旦話をまとめよう。結局「日本の固有思想」なるものは縄文時代に求められるとすれば、それはいわゆる「原始信仰」つまり「自然崇拝」（アニミズム）に他ならない。そこに大陸（主に半島経由）から稲作に始まる先進文化が渡来し、出雲と大和でそれぞれの口承文芸が生まれ、やがて合流して「日本神話」ができていったのであろう。「神話」ができたということは、その民族の原始信仰が自然崇拝から祖霊崇拝そして首長霊（氏神）崇拝へと進化したことを物語る。

戦前東洋哲学の権威だった高田眞司（東京帝大教授）によれば、東北アジアの原始信仰の特徴は「シャーマン的呪術」（巫術）の側面が濃厚だったことで、「易」の成立は「シャーマン的呪術」と密接に関わるとのこと（「易」の成立については次の章で触れたい）。さらに高田先生曰く、古代中国における「シャーマン的呪術」は雨乞いから始まり、そこに雨神として「竜」が誕生したとのこと。「竜」のモデルは蛇や蜥蜴《とかげ》といった爬虫類である。ちなみに「易」の創始者とされる伏羲《ふっき》という神話上の人物は『三皇本紀』では「蛇身人首」「号して竜師」などと紹介されている。（竜や蛇を神とする神話伝説は世界中にある。出雲神話のヤマタノオロチもその一つだ）。

日本の古代史においても「シャーマン的呪術」は「邪馬台国女王卑弥呼」の例を筆頭に重要である（シャーマンは専ら女性であり、これが古代日本に「女帝」が多く誕生する背景となった。折口信夫も『女帝考』でそう述べている）。

伏羲

首長霊崇拝によって「古墳」が造られる様になる。筆者としては、古墳時代末期に百済からいわゆる「五経博士」が来朝する頃までを暫定的に「日本固有思想」の時代と考えたい。

記紀によれば応神天皇の時代（4世紀後半か?）百済から王仁《わに》によって漢字がもたらされた。5世紀に入るといわゆる「倭の五王」の時代となり、大陸との交流が断続的に続いたので当然種々の文献も渡ってきたはずだが何故かそういう記録はない。百済の五経博士が正式に儒教を持ち込んだのは6世紀初頭の継体天皇の時代とされ、仏教に至ってはさらに遅れて欽明天皇の時代（6世紀中葉）の〝公伝〟である。だが水面下ではこれら外来思想は5世紀には伝わっていたと筆者は思う。

日本に伝来した儒教思想の中には当然『易経』も入っていた。何しろ（詳しくは次章で触れるが）『易経』は四書五経の中で最も古い経典なのだ。前漢の武帝は『易経』を五経の筆頭に位置づけている。

しかし日本に来た時点では『易経』は既に他の思想（五行思想）と習合されベールに包まれていた（3章参照）。しかもこれを日本の朝廷が「陰陽寮」を設けて制度的に導入したのは7世紀末の天武朝においてである。6世紀末には飛鳥寺などが造られていた仏教の受容に比べるといかにも緩慢に思える。その理由の最たるは、伝来した文献（漢文）を日本語《やまとことば》に読み下したのが仏教徒（僧侶）たちだったことだ。

四書五経なども多くは専門外の仏教徒が訳したようである。古代日本で仏教が真っ先に興隆したのは当然の成り行きと言えよう。

やがて仏教・儒教は日本社会に根を張り、現代に至るまで広範な思想的影響を及ぼしてきた。ではその中で「易」の位置づけはどうであったのだろうか?（これも3章で詳述したい）。

本章の最後に近代の外来思想について一言しておきたい。

古代に「渡来人」そして「遣唐使」によって伝来した外来思想だが、9世紀末「遣唐使」が廃止されて以降16世紀中葉のキリスト教伝来まで大きな波は無かった。日本の中世を終わらせたのは織田信長の功績と評価されがちだが、キリスト教と南蛮文化の影響も多大である。信長のあと秀吉、家康によって近世社会が形成されたのだが、ここでキリスト教は一旦〝お蔵入り〟とされた。その後幕末まで大勢に影響する様な外来思想は無い。仏教・儒教は日本風の化粧を施され、武家政権に妥協しながらも広く根を張り続けた。

日本が受容した外来思想の最後の大波は近世後期の蘭学に始まる西洋近代思想である（近世の儒学と蘭学の影響については4章でも触れる）。19世紀後半の明治維新以降現在（21世紀初頭）までの我が国の思想的傾向は、正に〝西洋による東洋支配〟であった。それでも仏教は葬儀や法事といった儀礼面、各宗派が建学した高校大学など教育文化面で磐石であるし、儒教は中学高校国語での漢文教育を通じて現代に生きている（儒教精神を校是とする学校も各地にある）。

では肝心の「易」はと言うと、江戸時代は幕府の公的認定を受けて武士達はこれ（多くは「陰陽五行説」という習合思想）を教養として学んでいた。しかし明治維新以降「易」は〝前近代的迷信〟としてほとんど顧みられなくなった（安岡正篤《まさひろ》のような例外もいたが）。その弊害が21世紀に顕現してきているとは言えないだろうか？

実は西洋近代思想の中にも「易」と共通するものはあるのだ（まず「陰陽」に近い概念として「＋－《プラスマイナス》」がある）。そもそも西洋にもゾロアスター教の様に「二元論」思想は古くからある。近代に至るとデカルトの実体二元論（物質と精神）が重要で、これがヘーゲルの「弁証法」や「絶対精神」といった思想に繋《つな》がるのだろう。ちなみに「弁証法」は「易」の「中する」（陰陽の和合）という思想とほぼイコールなのである！

残念ながらヘーゲルの有力後継者マルクスは「唯物論」という一元論を標榜して「易」などとは対極の道に進んだ。しかし「唯物論」の破綻は20世紀末ソビエト連邦の崩壊によって明示された。

20世紀の世界をある意味席捲した「共産主義思想」は、結局人類の壮大な社会実験だったと言える。マルクスがトインビーのように『易経』を読んでいたら20世紀の歴史は違ったものになっていたかもしれない。

2 『易経』概論

六十四卦一覧表

上卦／下卦	乾 ☰（天）	兌 ☱（沢）	離 ☲（火）	震 ☳（雷）	巽 ☴（風）	坎 ☵（水）	艮 ☶（山）	坤 ☷（地）
乾 ☰（天）	䷀ 乾為天	䷪ 沢天夬《かい》	䷍ 火天大有	䷡ 雷天大壮	䷈ 風天小畜	䷄ 水天需	䷙ 山天大畜	䷊ 地天泰
兌《だ》 ☱（沢）	䷉ 天沢履	䷹ 兌為沢	䷥ 火沢睽《けい》	䷵ 雷沢帰妹《きまい》	䷼ 風沢中孚《ちゅうふ》	䷻ 水沢節	䷨ 山沢損	䷒ 地沢臨
離 ☲（火）	䷌ 天火同人	䷰ 沢火革	䷝ 離為火	䷶ 雷火豐	䷤ 風火家人	䷾ 水火既済《きせい》	䷕ 山火賁《ひ》	䷣ 地火明夷
震 ☳（雷）	䷘ 天雷无妄	䷐ 沢火随《ずい》	䷔ 火雷噬嗑《ぜいごう》	䷲ 震為雷	䷩ 風雷益	䷂ 水雷屯《ちゅん》	䷚ 山雷頤《い》	䷗ 地雷復
巽《そん》 ☴（風）	䷫ 天風姤《こう》	䷛ 沢風大過	䷱ 火風鼎《てい》	䷟ 雷風恒	䷸ 巽為風	䷯ 水風井	䷑ 山風蠱《こ》	䷭ 地風升
坎《かん》 ☵（水）	䷅ 天水訟	䷮ 沢水困	䷿ 火水未済《びせい》	䷧ 雷水解	䷺ 風水渙《かん》	䷜ 坎為水	䷃ 山水蒙	䷆ 地水師
艮《ごん》 ☶（山）	䷠ 天山遯	䷞ 沢山咸《かん》	䷷ 火山旅	䷽ 雷山小過	䷴ 風山漸	䷦ 水山蹇《けん》	䷳ 艮為山	䷎ 地山謙
坤 ☷（地）	䷋ 天地否	䷬ 沢地萃《すい》	䷢ 火地晋《しん》	䷏ 雷地豫	䷓ 風地観	䷇ 水地比	䷖ 山地剝	䷁ 坤為地

①成立経緯

本章ではいよいよ『易経』そのものについて語りたい。前述した通り筆者が「易」と出会ったのは20代の頃だが、その奥義を知るにはまだ時期尚早であった。50代半ばに至った今頃になってやっと「天地の理《ことわり》」なるものを体得できる（易占が当る）様になったのでそう思う。（筆者が参加している「朝起き会」を主催する実践的社会教育団体は、折に触れて「大自然の摂理」というキーワードを用いておられるが、彼等の言う「大自然の摂理」＝《イコール》「易」の奥義、と筆者は解釈している）。

かの孔子が「易」を深く研究して『易経』の解説書『十翼』（彖《たん》伝、象伝、繋辞伝等全部で十冊ある）をまとめたのは最晩年のことと言われている。昭和の〝政財界の御意見番〟であった思想家安岡正篤《まさひろ》が『易学入門』を著したのも還暦を過ぎてからだ。それやこれやで「易は人生最後の学」とも評されるが、少なくとも（個人差はあろうが）40歳を過ぎてから学ぶことでやっと実感できる思想ではないかと筆者も思う。

文学の世界などでは早熟の〝天才〟がしばしば登場するが、例えば芥川や三島が「易」を学んでいたらああいう最期にはならなかったような気もする。（「陰陽二元論思想」においては「完全なる絶望」など無いからである。ちなみに村上春樹は河合隼雄から「易」も含む教えを受けている）。

さて孔子の名を出したついでに『易経』の成立経緯を定説に従って述べておこう（異説あり）。1世紀の古書『漢書芸文志』によると『易経』の作者は3人いる（4人ともとれるが書中では「三聖」と称している）。それは時代順に神話時代の伏羲《ふっき》、周の文王と周公旦の父子《おやこ》、そして孔子の3人である。

まず伝説上人物である伏羲が「陰陽」という二元論とそこから生じる「八卦」の概念を考案した。次に紀元前11世紀に周の文王と息子の旦が「六十四卦」に分けて本文を記し、最後に紀元前5世紀に孔子が解説書をまとめた。以上が定説（漢書芸文志の所説）である。

　もちろん種々の異説もあるので参考までに筆者の見解を述べておきます。まず最初の伏羲と云うのは日本で言えば大国主の様な存在で神話上の人物である（前章でも触れたが「竜」の化身として古書に記されている）。周の前代、殷王朝で盛んに行われていた「亀卜《きぼく》」（亀の甲羅や獣骨を火にかけて生じたひびの形で神意を占う祭政行事）の実例を集大成する中で発見された「大自然の摂理」こそが「陰陽二元論」であり、その大成者として伏羲という聖人が創出されたのだろう。しかしモデルとなった原始的シャーマンの存在を忘れてはいけない。

文王

　周の文王と周公旦は殷王朝末期の諸侯として実在するので、彼等父子が『易経』の本文（六十四卦の「卦辞《かじ》」と「爻辞《こうじ》」）を記したというのは信じてもよい。文王はのちに殷の暴君紂《ちゅう》王を倒して周王朝を開く武王の父、周公旦は武王の弟である。殷の紂王といえば「酒池肉林」や「炮烙《ほうらく》の刑」で知られる暴君（宮城谷昌光の小説などに鮮やかに描かれている）だが、この暴君に苦しめられながら文王が書き綴った陰陽六十四卦の話が『易経』の本文となった。文王の死後四男の周公旦が引き継いで完成させたと伝わるが、完成後は当初『周易』と称されていた。

　この『周易』が盛んに読み解かれるのは、文王たちの時代からさらに数百年後の春秋戦国時代である。この時代は周王朝が衰えてから秦の始皇帝による天下統一までの五百数十年間、「史記」等でおなじみの群雄割拠の時代である。群雄たちは互に勢力争いに明け暮れ、一つ判断を誤れば国家国民の存亡に関わるという緊迫した状況下、『周易』は自ずと意思決定に欠かせぬ重要参考書となった。それは殷の時代のように単に吉凶を占うだけではなく、〃ではこれからどうすればよいか〃という処世の指針を示すものとして読み解かれた。

生死を賭けた緊迫状況下だけに人知の粋が蓄積されたが、この蓄積を総括して『十翼』と言われる解説書にまとめたのが孔子とされる。『論語』に「五十にして易を学べば大過なかるべし」とあるのだから孔子が晩年「易」に傾注したことは間違いない。（『十翼』では、「これはどういう意味か？」という弟子の問いかけに対し「子《し》曰《いわ》く」と答える『論語』の形式が採られており、孔子の業績に仮託されている）。しかしその後戦国時代末に儒家の荀子《じゅんし》らが『周易』を経典に祀り上げたことは分かっており、『易経』と改名され改めて四書五経の筆頭格に据えられたのは漢の武帝時代のこと。やがて仏教など国際色豊かな隋唐時代を経て再び『易経』の権威が確立するのは10世紀の宋の時代のことである。彼等後代の儒家たちが「易」の権威高揚のため孔子の業績として過大に評価した可能性は十分ある。

孔子

かように『漢書芸文志』の説く『易経』作者の「三聖」については鵜呑みにできない。だが確かなことは、「易」の原理が神話時代に生成し、殷王朝以来歴代王朝において読み解かれ、『易経』となって現在の評価を得るに至ったということだ（その間秦の始皇帝による思想大弾圧「焚書坑儒」に際しても「易」は尊重され難を免れている）。

以上概略ながら『易経』成立過程についてのまとめとしたい。

②「易」の原理

ここでは「易」の原理と思想の特徴について述べていきたい。そして占いとしての「易」がなぜ当たるのか、についても述べたい。

まず、「易」という字についてだが、この字は「変化」を意味する。実際『易経』の英訳は『Book of Changes』であるし、光の具合で変色するという「蜥蜴《とかげ》」の「蜴」は〝変色する小生物〟という字義である。一方、俳人松尾芭蕉は『去来抄』という著作で「不易流行」の理念を説いたが、ここで芭蕉の言う「不易」とは「不変」つまり日月《じつげつ》の運行の如き「天地の理《ことわり》」を指している。加えて「易」には「易《やさ》しい」「簡易」という意味もある。「易」「不易」という二元論的自然法則を会得すれば何事も簡単明瞭になると言いたいのだ。（以上、「変化」「不変」「簡易」の三つを「易」の三義という）。

序章で筆者は、「令和」は〝陰〟の時代であり、「陰陽」に合わせて人の生き方も変えねばならぬと述べたが、その「陰陽」についてここで説明してみたい。

「陰陽」という東洋独特の二元論は、数千年前に伏義によって考案されたとされるが、それがフィクションであることは前述した。いずれにせよ古代中国が生んだ偉大な知的遺産である。黄河で生まれた古代中国文明においては、他の古代文明（日本も含めて）同様原始信仰＝自然崇拝から進化して首長を戴く祭政一致国家が誕生した。「殷」という考古学上最古の王朝では盛んに「亀卜《きぼく》」が行われたことも既に述べたが、古代中国人は基本的に人格神を持たず自然崇拝の究極としての「天」を崇拝し、畏怖した。

日本神話もそうだったように「天」に対置して「地」が意識されるのは自然である。こうしてまず「天地」の二元論が生まれた。ただ多くの人格神が登場した挙句「天」（天照大御神）に一元化された日本に比べ、中国は事象全てを二元化するデュアル思考に徹した（「陰陽」のさらに根源として「太極」という概念を後から加えたが）。さらには徹底したシンボリック思考（右脳的思考）を採ったのである。「陽」一と「陰」--はもともと男女の性器の形から案出《シンボライズ》されたというがそこから連想を重ね、「天地」「男女」「親子」「日月」「昼夜」「晴雨」「夏冬」「暑寒」「善悪」「強弱」「表裏」「動静」「剛柔」「硬軟」等々が「陽」と「陰」に振り分けられていった。言葉では言い尽くせないがそれだけに「易」はメタファー（比喩）の世界といわれる。連想力というか、想像力というか、いわゆる「右脳的」感性を磨いて取り組まねば中々「易」を愉《たの》しむ境地には至れない（筆者も途上である）。

しかしどうしても振り分けられない事象もあっただろう。また「男女」を総合して「人間」と言った場合、やはり振り分け不可能となる。こうした未分化あるいは総合的事象を、陰陽を超えた「太極」というカテゴリーに収めた。

また、陰陽という振り分けはあくまでも一時的なものであって、時間の経過で陰が陽に転じたり逆に陽が陰に転じたりする。この考え方は古代ギリシアの哲学者ヘラクレイトスの格言「万物は流転する」とも符号する。

そして「流転」しながら世界は複雑化するので、陰陽の二元も互いを組み合わせて2→4→8→64と乗数的に卦《け》を増やし進化を遂げた。結果生じた「六十四卦」についてそれぞれ完結した「卦辞《かじ》」を書き記したのが周の文王であり、各卦にそれぞれ六つの「爻《こう》辞」を付記していったのが周公旦であるとされる。

「易」の実践である易占とは、筮竹《ぜいちく》や古銭、サイコロなどを使って「六十四卦」から一つの卦を導出し、『易経』から該当する部分を引いて「活断」することを言うのである。（但し『易経』本文には易占の具体的やり方は書かれていない。）。

次に「易」の思考前提とも言える「共時性」について触れたい。

易経研究家の竹村亞希子先生が紹介された格言に「潜象は現象に前駆する」というのがあるが、これは「兆候」の根拠を言っている。「兆候」というのは目に見えるものと見えないものがあり、目に見えない兆候を感得することが『易経』を学ぶ意義の一つなのだ。

それから『易経』の中に先ほどの「易」「不易」の原理を一歩進めた格言がある。すなわち「易は窮《きわ》まれば変ず。変ずれば通ず。通ずれば久し」…これは（ヘラクレイトスの「万物は流転する」という思想の深掘りとも言えるが）、この世の一切は〝窮極に達すると変化する〟という真理を指し、例えば冬が窮まれば春になるし夏が窮まれば秋になる、ということを言っている。この四季の巡りは「天地の理《ことわり》」の最たるものだが、四季の変化には必ず「兆候」（兆《きざ》し）が現れる。「啓蟄」とか「白露」などの二十四節季はこの「兆候」を捉えたものだ。これで先ほどの「潜象は現象に前駆する」という格言の意味も氷解するだろう。

「潜象」と「現象」との間には〝時間差〟があるから分かりやすいが、同時進行で似た現象が起きることがある。一般には「偶然の一致」といわれる現象のことだが、これをスイスの心理学者ユングは「共時性（Synchronicity）」と名付けて心理分析の切り札にした。

ユングの考え方では、「偶然の一致」という現象には意味が有り、それは因果律を超えた必然的現象だとする。この「必然性」は目に見えないが何かしらの「共時的兆候」を示す。いわゆる「虫の知らせ」という奴だ。俗な例を挙げれば、くしゃみをしたら誰かがその人の噂話をしていた、というあれである。また、家族や知人（特に死を控えた人）が「夢枕に立つ」という現象も「共時性」の一例とされる。「共時性」の根拠としてユングは東洋思想の「易」から多く

カール・グスタフ・ユング

のヒントを得ているのだ。

「共時性」を公《おおやけ》にするにあたってはユングも相当躊躇したといわれる（実際これに関する著書を出したのは晩年である。師のフロイト等からオカルティズムであると否定されていたからであろう）。しかし1960年代日本人として初めてユング研究所に留学した河合隼雄によれば、同研究所では判断に迷って解答が出ないときは秘かに「易（Iching）」を立てていたという（近代科学の原則たる「因果律」を無視したその行為に河合は驚愕したと述べている）。

ユングは「共時性」と並立する原理として「集合的無意識」という人類（あるいは個別集団）共通の心象風景の存在を唱えた。筆者が序章で触れた〝「元号」が生む共時的効果〟というのは、各元号の「時代性」が共通認識となる前提条件として日本人共通の（ユングの言う）「集合的無意識」の存在がある、ということを指す。「易」が全人類に適用できるのも人類に共通の「集合的無意識」が存在するからなのだ（ユングの「集合的無意識」論は国家＝《イコール》集団的共同幻想と定義した吉本隆明の『共同幻想論』とも符合する）。

「易」がなぜ当たるのか？と聞かれた場合、筆者はこの「集合的無意識」と「共時性」の説明から始める積もりである（だが口だけで説明するのは中々難しい）。

三番目に『易経』の重要概念である「時中《じちゅう》」について述べる。これは複数の解釈があるが、まず「時に中《あた》る」と読んだ場合、〝ジャスト・イン・タイム〟（適時適応）という意味になる。例えば春に稲作を始めるのは時中だが真冬に始めるのは時中ではない、という言い方をする。別言すれば「時を読む」となろうか。これは易占をする場合特に重要な概念である。時を読み、その「時」にぴったり合った行動をとれば〝百戦しても危うからず〟という訳だ。

ただ、注意すべきことは「時中」と「時流」は似て非なる概念であることだ。実業界等では「時流に乗れ」が合言葉のように使われるが、出版業界も似ているので例に採ろう。「時流に乗って」売れた本は〝ベストセラー〟と称されるが、たいてい数年後には忘れ去られる。一方「時中」に適《かな》った本というのはその時代の核心を捉えているからじわじわと読者を惹きつけて〝ロングセラー〟となる。（思うに出版後10年経っても各地の書店に並んでおれば〝ロングセラー〟と言えるのではないか？）。

「共時性」の用語を借りれば、「時流に乗る」というのは偶然の結果であり、「時に中《あた》る」というのは必然的結果と言える。

次に「時中《じちゅう》」のもう一つの解釈は「時を中《あて》る」と読んだ場合。これは「易」を立てる（占う）対象の「時」を設定することを指す。神道には「宣命《せんみょう》」（和文体の詔勅）でよく使われる「中今《なかいま》」という用語があり〝現在只今〟のことだが、神道家の山蔭基央《もとひさ》先生によればこれは「易」の「時中」から派生した用語とのことだ。山蔭説では「易占」において「時を中《あて》る」というのは、得た卦（易占の答え）を①現在に適用するか②過去に適用するか③未来に適用するかあらかじめ選択（設定）しておくことだと言う。（通常は①現在に適用するのだが、過去や未来に設定して間接的に現在を観る手法もあるとのこと、「易」にはそういう応用性もあるのだ）。

ついでながら、〝「易」がなぜ当たるのか〟について山蔭先生の言葉を借りて紹介しておきます。

「古人いわく「大地打ちはずす槌はあるといえども、易卦にはずれはなく、ただ易は活断にあり」と、つまり、易は必ず〝当る〟ということである。つまり問題の答を的確に示してくれるのだが、要は易卦の解釈（活断）にあるという意味である。

易を立てた場合、易経の言葉（卦辞、爻辞）そのままでは〝問題解決〟の解答にならない。つまり〝易経の言葉〟を解釈する必要が出てくる。つまり易をたてた者の知識と経験が、大きくものをいうことになる。これが〝活断〟である」（山蔭基央『易経と決断力』）

山蔭先生は宗教家なので彼の言葉をそのまま受け入れるのに抵抗がある向きもあろう。実際ここに引用した後のところで「信仰心」と「祈り」の重要性について記されている。

しかし筆者の経験から鑑みても、「信仰心」と「祈り」を抜きにして「易」を学んでも実践には役立たないと思われる（それはユングや河合隼雄ほか多くの「科学者」が口を揃えて述懐するところである）。

下卦＼上卦	乾☰（天）	兌☱（沢）	離☲（火）	震☳（雷）	巽☴（風）	坎☵（水）	艮☶（山）	坤☷（地）
乾☰（天）	乾為天	沢天夬《かい》	火天大有	雷天大壮	風天小畜	水天需	山天大畜	地天泰
兌《だ》☱（沢）	天沢履	兌為沢	火沢睽《けい》	雷沢帰妹《きまい》	風沢中孚《ちゅうふ》	水沢節	山沢損	地沢臨
離☲（火）	天火同人	沢火革	離為火	雷火豐	風火家人	水火既濟《きせい》	山火賁《ひ》	地火明夷
震☳（雷）	天雷无妄	沢火随《ずい》	火雷噬嗑《ぜいこう》	震為雷	風雷益	水雷屯《ちゅん》	山雷頤《い》	地雷復
巽《そん》☴（風）	天風姤《こう》	沢風大過	火風鼎《てい》	雷風恒	巽為風	水風井	山風蠱《こ》	地風升
坎《かん》☵（水）	天水訟	沢水困	火水未濟《びせい》	雷水解	風水渙《かん》	坎為水	山水蒙	地水師
艮《ごん》☶（山）	天山遯	沢山咸《かん》	火山旅	雷山小過	風山漸	水山蹇《けん》	艮為山	地山謙
坤☷（地）	天地否	沢地萃《すい》	火地晉《しん》	雷地豫	風地観	水地比	山地剝	坤為地

表A（六十四卦一覧表）

③易占の方法

ここでいよいよ「易」の実践方法について述べる。早い話が〝易占のやり方〟である。「陰陽」の二項並立（その根源に「太極」という概念があるが）から始まった「易」の卦が乗数的に細分化されて「六十四卦」に分けられたことは先述した。前頁の表Aは六十四卦の名前「卦名《かめい》」と符号（卦象《かしょう》）を一覧表にしたものである。「卦名」を眺めるとなにやら経文の様な漢語が並んでおり取っ付きにくい。が、「易」は感性（右脳）に重きを置く思想なので字義は気にせず先へ進めばよい。易占を実践しているうちに段々「卦名」の意味も分かってくるだろう。真剣に、しかし愉《たの》しみながら実践を続けることが大事だ。

「卦象」はそれぞれ六つの「爻《こう》」で出来ているが、順序立てて言えば、「爻」を三つ重ねて「八卦《はっけ》」が出来る。表Aの縦横に並ぶ「乾《けん》・兌《だ》・離《り》・震《しん》・巽《そん》・坎《かん》・良《ごん》・坤《こん》」である。この「八卦」のネーミングは暗号のようなもので、それぞれ森羅万象のうち「天《てん》・澤《たく》・火《か》・雷《らい》・風《ふう》・水《すい》・山《さん》・地《ち》」を割り当てられている。これは「八卦」の符号の形から連想して割り当てられた（例えば☲は火）というが、あまり考え過ぎてはいけない。ともあれ東洋古代人の感性を今に伝えている。さらに「八卦」を上下に組み合わせて「六十四卦」に発展させた。六十四卦の全てに表Aのように「卦名《かめい》」が付けられており、「卦辞《かじ》」という「天の声」が記されている（おみくじの主文に充《あ》たるか？周の文王と旦の父子の遺文とされる）。この「卦辞」はメタファー（比喩）に富んだ味わい深い訓辞となっているが、孔子はじめ春秋戦国時代の学徒たちは心血を注いでその真意（天の声）を解読した。そこから生まれたのが『十翼』と言われる「易」解説書であるが、孔子一人でこれを完成させたとみるのはやはり無理があろう。

「六十四卦」には人間界に起こり得るあらゆる事象が当てはまるが、ビギナーがいきなり原文を読んでも恐らく意味が分からないだろう。やはり誰か専門家による参考書が不可欠だが、例えば先述した竹村亞希子先生は、「易」の「卦象」は「時・処・位」の三方向から事象を斬っているとしてその読み解き方を指南されている（以下に引用します）。

「…「時」とは時代や時間の変化、タイミングです。「処」は場所、環境、状況、心の状況、対処のことです。「位」は、立場、地位、人間関係です。このように（仕分けして）理解すると六十四卦の物語がすっと心に響いてきます。こうして卦象《かしょう》の読み方がわかると、その中にいっぱいつまっている『時』の情報に気づくことができるのです…」（『超訳・易経』）

これでもまだ抽象的で意味が分かりにくいだろう。しかしいくら言葉を尽くしたとしても「易」を頭だけで理解しようとするのには無理があり、やはり実際に〝易占〟をしてみることをお勧めする。つまり実践である。とにかく（くどい様だが）、「易」は感性（右脳）に重きを置く思想なので理屈以上に「気付くこと」が重要なのである（気付くための実践である）。

それから「六十四卦」では各卦の「卦辞」に続けて六つの「爻辞《こうじ》」が記されている。これは各卦の話を6枚の連続写真にして順に説明するものと喩《たと》えられようか。六つの爻は下から上に向かって読むのだが、順に「初爻」「二爻」「三爻」「四爻」「五爻」「上爻」という。ゆえに何を占うにせよ易占では一度に6回の「伺い」を立てることになる。筆者が採用している「擲銭法《てきせん》」（コイン投げ）では3枚の古銭を6回投げて六つの爻を得る。（一般には筮竹《ぜいちく》を使う「筮法」が有名だがこれは南宋時代の儒学者朱熹《しゅき》の著作

『周易本義』の影響であって、決して「擲銭法」が劣るわけではない）。

この時3枚全てが裏だったり表だったりした場合「変爻」と言って特に重要視する。「変爻」となった回の「爻辞」は要注目であり、「変爻」が出なかった場合は「五爻」の「爻辞」に着目する。「五爻」が君子の位とされるからである。（「卦辞」にしても「爻辞」にしても、陰陽二元論から演繹された東洋古代人の知見の結晶である。噛めば噛むほど味が出るその旨《うま》みを感じ取って欲しい）。

④筆者の体験から

本章の最後に筆者の体験事例などを紹介することで、〝易占〟が如何に実用的であるかをお示ししたい。先の山陰基央先生の談にもあったが、〝易占〟においては易をたてた者の知識と経験が大きくものをいう。いわゆる〝活断〟（立卦の解釈）であるが、これには（天才肌の人を除けば）一定量の人生経験から得たデータが要ると思われる（データの量だけでなく質も重要だ）。


反省を交えて述懐する。筆者が初めて「易」を覚えた20代の頃、再就職した中堅不動産会社の管理部門で若手女子社員相手に「易占」をしたことがあった。昼休みの雑談の中でつい「易占」の話をしたのが面白がられ、何人かの女子社員から頼まれて「運勢鑑定」をしたのである（河合隼雄先生の話など思い出して「遊びの積もりならやらない」と断った上でのことだ）。

その中に営業部のキャリアウーマン（中々の美人だった）がいて、真剣な顔で「易占」について質問された上で自ら〝擲銭《てきせん》〟（コイン投下）をされたのだが、出た卦が「乾為天」（䷀）。これはすごい卦であると筆者が解説すると彼女は〝我が意を得たり〟といった様子で筆者に自分の思い（転職するかどうか悩んでいたこと）を吐露した。そして「これで踏ん切りが付いた」と感謝の意を示されてまもなく会社を辞めたのである。会社では貴重な人材だったので役員に事情がばれるとやばいと思ったが、案の定筆者は営業部に回された。

　何が言いたいかというと、結局筆者は生半可な知識で「易占」を行い他人の人生を左右してしまった訳で（その後彼女がどうなったかは知らないが）、その天罰（？）で替わりに慣れぬ不動産仲介営業に就く羽目になったということだ。半年ほど四苦八苦しつつ営業をやらせてもらった後筆者は不動産鑑定事務所に転職した。「運勢鑑定」は止《や》めて不動産鑑定の方を勉強しようと一念発起したのである（結局「鑑定士」には成れなかったが…）。

　もうひとつ筆者の体験談をする。30代になって筆者は親族の会社に落ち着き、見合いをして結婚した。だが40代になって脱サラし、不動産所得を得つつ農業を始めたり青果市場に勤めたりとまた転職癖、その挙句心労を与えた妻に先立たれてしまったのである。当時まだ就学児だった娘たちは亡妻の実家に身を移し、最大の理解者を失った筆者は重度のうつ病患者となった。当然仕事どころではない。数回自死を図ったりもした（筆者は死んだ妻に呼ばれていたように思う）ので父親の「監視」の下《もと》、3年間自宅療養生活を送った（いわゆる「引きこもり」となった）。

　また何が言いたいかというと、この「引きこもり」体験で筆者は文章書きを覚え、今に至ったということだ。療養中しばらくは毎日将棋の本ばかり読んでいたが、ネットで対戦しても戦果が上がらないので1年ほどで止《や》め、快復の兆しもあって文章を書き出した次第。「易」を思い出したのもその頃で、試しにと思って〝虎の子〟をネットの株式投資に回してみたりした（これは邪道なのでお薦めしない、しかし〝相場事〃には「易」の理《ことわり》がよく顕《あら》われている)。とにかくこの3年間無くして今の筆者は存在しないと言ってよい。

50代で社会復帰して小さな会社まで作ったりしたが、財政的にはやはり厳しい。しかし「天の導き」とでも言おうか、執筆取材で訪れたとある自治体の政治に関係するようになった。これが3番目の体験談となるのだが、〃人生万事塞翁が馬〃である。筆者はそこで町長選挙に出ることになった。その経緯は省略するがこの時の決断も実は「易」の思想に基づいている。対抗馬は町の顔役みたいな大物だったので、結果は落選だったがそれも「天地の理《ことわり》」通りであって想定済みだ。自治体のその後の成り行きも(大変僭越ながら)筆者の読み通りに推移している。城山三郎の小説に『わしの眼は十年先が見える』(大原孫三郎伝)というのがあったが、まぁ2、3年位先は見える人間でありたいものだ。「易」を学ぶことでその「眼」を鍛えることができると筆者は実体験から思うのである。

個人的体験談はここまでとし、視野を広げて日本の現状について私見を述べよう。

筆者は本書の副題を「〃陰〃の時代の生き方」としたが、その主旨は序章冒頭で述べた。そして「阪神大震災」に始まり、昨今の新型コロナウィルス禍に至る〃末法〃の世相を見て、「令和」を「激動の時代」と読んだ。この点については先述の竹村亞希子先生も「いまの日本は陽の時代はすでに終わり、本格的な陰の時代を迎えようとしている」と述べておられる(『超訳・易経』)。ただ、序章で述べた通り陰陽に優劣はないので〃陰〃の時代だからといって悲観する必要はない。

とは言え、「人口減少」と「新型コロナ・パンデミック」は令和時代を象徴する事象であり、これに「原発問題」を加えた三つを例に挙げてこの後4章で〃活断〃してみたいと思う。

3 易学と陰陽道の歴史

①陰陽師の誕生

日本史の中で「易」がどのように扱われてきたか、1章と重複するが再度古代まで遡って調べてみた。すると分かることは、5世紀頃日本に伝来したと思われる「易」の思想は、既に「五行説」（四書五経のうち『書経』由来の自然哲学思想）と習合していたということだ。

『史記』によれば、「五行説」とは紀元前3世紀（中国の戦国時代末期）、陰陽家の騶衍《すうえん》が創始した、「木《もく》・火《か》・土《ど》・金《ごん》・水《すい》」（当時認知されていた五つの惑星に因《ちな》む）の五元素の説である。この五元素は互に影響し合い、その盛衰によって万物が変転するというのだが、天文学・暦学といった実用学の側面も併せ持っていた。創始当初から「易」の思想に便乗していたが「陰陽五行説」となって日本に伝来した時にはほとんど「易」の母屋を奪い取っていた。

「陰陽五行説」は天文学・暦学（太陰暦）という実学に直結し日本では「陰陽道」となって定着するが、やはりそこでは純粋な「易」の思想は「五行説」の陰にしまい込まれて目立たない。それは元の「陰陽二元論」に「五行説」の五元素を掛け合わせて出来た「十干十二支」の影響力が強すぎたからと思われる。(「十干十二支」に加え太陰暦上の指標「二十四節季」は日本人の生活に欠かせぬ概念となり、現代に至るも日本の生活文化の基盤となっている)。

やがて7世紀後半、「陰陽寮」が設置され天文学・暦学・占星術などの実用技術として「陰陽道」が成立するのである。要するに、日本において「易」は「陰陽五行説」のパーツとして受容されたのであって、長らく「陰陽道」の陰に隠れていた。その本来の意義が認識されるのは室町時代の足利学校確立まで待たねばならなかった。

では「陰陽道」について見て行こう。「易」を含む儒教が公式に日本に伝来したのは、6世紀継体天皇の時代「五経博士」の来朝によってとされる（この時点で既に「易」は五行説と習合されていたことは先述した）。相《あい》前後して伝来した仏教がまず最初に日本に根付いた。そんな中で「陰陽五行説」については、7世紀初頭（推古天皇時代）に百済から来朝した三論宗僧侶観勒《かんろく》が普及に大きく貢献した。観勒《かんろく》は日本最初の僧正（出家最高位）に任ぜられたが、仏教だけでなく天文、地理、暦、方術（神仙術）などを日本人に教えたとされる。最後は飛鳥寺（蘇我馬子が建てた蘇我氏の氏寺）にいた形跡があるが没年は不明。筆者はこの観勒《かんろく》を「陰陽道の元祖」と考える。

そして天武天皇の時代（7世紀後半）、官庁として「陰陽寮《おんみょうりょう》」が設置され、仏教とは切り離して俗人（非出家者）に「陰陽道」を差配させた。その専門家を「陰陽師《おんみょうじ》」と称する様になり、彼らは天文・暦に加え「六壬神課《りくじんしんか》」という中国式占術（後に大安、仏滅などの「六曜」を生んだ）や後《のち》には密教系の「宿曜占星術」なども担当する様になる。

奈良朝を経て平安遷都の頃（8世紀末）になると怨霊信仰や方位地相占断が盛んになり、陰陽師たちの出番も増えてきた。この時代は仏教も神秘主義的な「密教」が隆盛で、超能力者（とされる）葛城の役行者《えんのぎょうじゃ》由来の修験道も勃興するなどスピリチュアルな時代である。そうした時代背景のもと「陰陽寮」もトップである「陰陽頭」など上位職は公家の賀茂氏と安倍氏の特権的世襲体制となっていった。

②安倍晴明

「陰陽師」は「陰陽寮」の官吏として代々天皇に仕えたが、秘書官のようなもので歴史の表舞台に出ることは基本的になかった。例外的に歴史に名を残したのが安倍晴明である。

系譜を述べると、晴明は延喜21（921）年安倍氏の子弟として摂津国阿倍野（異説あり）に生まれたが、陰陽師としての教育は賀茂氏（大物主神《出雲系？》の子孫とされる）に受けた。天文道に通じ、40歳の頃村上天皇に占星術師として仕え頭角を現した（密教系の宿曜占星術を駆使した）。50代の頃には天文博士に任ぜられ、花山天皇に重んじられて盛んに陰陽道の儀式を主宰した。当時流行した疫病に際し、晴明が〝疫病神退散〟の祈願を行っている絵図なども残っている。

安倍晴明

晩年は一条天皇や藤原道長に重んじられ、算術の才を買われて主計寮の長を務めたりもした。寛弘2（1005）年85歳で亡くなったが、安倍氏を陰陽師宗家として賀茂氏以上の家格に押し上げた。子孫は土御門《つちみかど》神道を起こし、福井県に末裔が残っている。

しかしそういった史実以上に安倍晴明を有名にしたのは多くの文芸作品に登場したことによる。死後まもなく『大鏡』『十訓抄』に登場し、『今昔物語』や『宇治拾遺物語』さらには近世の浄瑠璃・歌舞伎の『芦屋道満大内鏡』などに天才陰陽師として描かれた。

以上「易」からかなり脱線したが、平成に起こった陰陽師ブームの主役として敬意を表さねばと思い敢えて紹介したものである。（筆者としては「陰陽師安倍晴明」が本来の「易」についてどこまで理解していたのか一度調べてみたい思いはある）。

③中世から近世まで

12世紀になっていよいよ武士が台頭し中世封建社会へと移行するが、陰陽道の需要は変わらず旺盛だった。斯界ではやはり安倍氏と賀茂氏が二大宗家として陰陽道の需要に応じたがそれぞれ複数の流派に分立していった。

一方室町時代になると関東下野《しもつけ》国の足利学校が盛んになり、ここでは仏教と陰陽道は排され久々に儒教専修教育が行われた。そして永享4（1432）年、足利領主の上杉憲実が易学教師として鎌倉円覚寺の学僧快元《かいげん》を足利学校に招聘したことが画期となる。

憲実の方針で儒教専修となった足利学校だが、校長となった快元が易学に精通していたことから、全国から易学を学ぶために足利学校を訪れる者が続出したのである。これは事実上日本初の純粋な「易」の教育機関だったといえる。ここで「易」の思想を学んだ卒業生が戦国時代には各地の大名や武将に仕えるということもしばしばあったと思われる。

例えば上杉謙信である。火坂雅志が『天地人』という小説（大河ドラマ化された）で描いた様に謙信は〝天の時、地の利、人の和〟の三条件が満たされることが治世の理想である〟と言ったとされる。これは『孟子』に出てくる有名な格言だが、「易」の思想と符合するのでよく参照される。

また、毛利元就を中心に描いた軍記物語に『陰徳太平記』というのがある（江戸時代の出版だが）。史料としての評価は低いが、長州藩家老たちが心血を注いで書き上げた大著で、そのモチーフに「陰徳陽報」という易学思想がはっきり見て取れる。これは毛利家を創業した元就の思想・言動に倣《なら》ったと考えるのが自然であろう。

足利学校

一方の陰陽師についてだが、室町から戦国という〝下克上の時代〟になると、各地に占い師・祈祷師として非公認の〝民間陰陽師〟が活躍したが、〝宗家〟の安倍氏・賀茂氏の系統は振るわなくなった。

近世の幕藩体制が確立すると、江戸幕府は陰陽道も支配下に置くため民間陰陽師を宗家の土御門家（安倍氏の後裔）と幸徳井《こうとくい》家（賀茂氏の後裔）に統制させようとした。最終的には土御門家が免状公布権を得て全国の民間陰陽師を統率する立場になるが、民間信仰化（牛頭《ごず》天王《てんのう》信仰などと習合）した各地のローカル陰陽道は隠れキリシタン同様監督困難であった。結局明治維新後、新政府の「天社禁止令」によって原則的に陰陽道は廃止の憂き目を見るに至る。

一方「易」も近世は民間に広まり、各地に占断を業とする「易者」（筮竹を使うあれである）が登場して庶民の悩み（結婚、仕官、金銭、住居、病気など）に答える社会的役割を担った。（近世の易占流布に際し、「易道十八範」なる公儀の仕分け方もあったやに聞くが筆者も詳細は分からない）。

④近現代

明治維新は日本を最後の、かつアジア唯一の「帝国主義国家」たらしむる世界史上驚異的な国家改革だった。日本史上でも「明治」ほど国家国民が一丸となって〝坂の上の雲〟を追いかけた時代はない。正に典型的な「乾為天」（䷀）の時代だったと筆者は思う。

もちろん陰《かげ》の部分もあったが、それは明治初期（戊辰戦争や西南戦争）と明治末期（社会主義弾圧や、日韓併合・伊藤博文暗殺）に目立つ。つまり時代の変わり目は常に激動する（陰陽は必ず変転する）という見本を示している。

さてそんな明治に始まる日本の近現代社会においては、「陰陽道」は早々に禁止されて、ほぼ（福井県と高知県に残る一派と京都の晴明神社の崇敬者等を残して）消滅したが、肝心の「易」自体はどうなったのだろうか？


室町から戦国の頃「易」の教育機関として鳴らした「足利学校」も幕末には衰えていたが、諸国の儒者などには「易」の研究家も一定いたと思われる。

幕末の国学者平田篤胤は「易」への造詣も深かった（遺《のこ》した和歌などに「易」の思想が垣間見える）。篤胤の影響下にあった秋田藩の漢学者根本通明《つうめい》は『易経』研究家として高名で維新後東京帝大教授となった。また信州松代の兵学者佐久間象山は易学者の一面もあった（自分が暗殺されることも易占で予知していたという）。象山の弟子勝海舟が軍艦に名付けた「咸臨丸」の「咸臨」というのは「易」の六十四卦から採用したものである。

かように学問の盛んな近世は、幕府が奨励した朱子学に留《とど》まらず易学を学ぶ学徒も少なくなかったのだ。

しかし明治新政府は、陰陽道のように禁止にこそしなかったが「易」に関しても冷ややかであった（そもそも新政府は「儒学」ほか東洋思想全てに対し冷淡だった）。

それでも二松学舎の様に漢学の教育機関も維新後健在だったが、何より東京帝大には根本通明という『易経』の権威がいた。ここで薫陶を受けた学徒の中で特筆すべきなのが安岡正篤《まさひろ》である。

安岡は明治31（１８９８）年大阪市の生まれ。東京帝大法学部卒業後、大正時代から「東洋思想」の研究教育に専心したが皇室等と縁があり、昭和戦前期既に日本主義イデオローグとなって政官財軍など各界から信奉者が続出した。「東洋思想」を通じて中国にも知友は多く、終戦後蒋介石の意見で戦犯名簿から除外された（昭和天皇の「終戦の詔勅」起草にも関与した）と言われている。戦後は吉田茂、岸信介ら自民党政治家に「帝王学」を指南し続け、歴代首相や財界要人からも「人生哲学の師」として終生畏敬された。（いわゆる〝昭和の怪物〟の一人である）。

安岡は昭和58（1983）年に死去するまで膨大な著作を残したが、還暦を過ぎてから『易経』関係の著作を出すようになり、晩年は『易経』をテーマに盛んに講演したりしている（しかし「易」の専門家とは言えないのでその思想内容には触れない）。ここでは安岡晩年の講演録から〝「易」を学ぶ意義〟を語っている部分を少し引用しておこう。

「…五十歳になると誰でも人生というものを考えます。よほど横着者か、馬鹿でない限り、何か考える。俺はこれでいいんだろうか、こんなことで俺の人生というものは一体どういう意義があり、価値があるのかなど考えない者はない。…むしろ五十になったらそれだけ本当の勉強ができるので、ますます勉強をする…要するに易というものは、無限の創造的進化であります。」（安岡正篤『易と人生哲学』より）

安岡正篤の指南を受けた昭和の首相たち（中曽根康弘まで）は平成のそれらと比べると重厚でもっと威厳があった。これはもちろん安岡一人の影響ではないが、少なくとも「易」という思想を全く知らない首相は昭和にはいなかったはずだ。ちなみに田中角栄は、ライバル福田赳夫に近かった安岡を避けた様である（有名な「角福戦争」の政変史を顧みると、正にあざなえる縄の如き「陰陽の転変」を見せ付けられるであろう）。

一方平成の政治家たちはどうであっただろう？良くも悪くも昭和的威厳があったのは小沢一郎（田中

派系）くらいか？1回目小沢に引きずり下ろされた安倍晋三（福田派系）が2回目最長政権を築いた背景に、筆者は安岡の言う「無限の創造的進化」を感じるのだ。安倍さんも相当「勉強」したのだろう。（「易」を勉強したかどうかは分からないが…）。

4 現代日本の『易経』的分析

前章では最後に昭和平成の政治家について触れた。日本の政治家については筆者も一家言あるが、ここは場違いなのでこれ以上触れないようにしたい（現在記録的長期政権が続いていることも考慮）。

本章では「政治家」のみならず広く日本と世界の平和と安寧を願う全ての日本人を念頭に、本格的な〝陰〟の時代に突入した「令和の日本」を現状分析しつつ何らかの指針を示したい。

筆者もそうだが（戦後の）「昭和」の空気を吸って育った世代（その典型が「団塊の世代」）には、「共通の原風景」がある。それは例えば昭和39（1964）年の東京オリンピックであり、昭和45（1970）年の大阪万博であり…つまり高度経済成長を謳歌した輝かしい成功体験である。「昭和」も「団塊ジュニア」が出揃う終盤（1980年代）になると「高度成長」は終焉したものの、冷戦緩和を背景に「金融バブル相場」に酔うなど最後まで〝陽〟の時代だったと言える。

「平成」に入ってまもなく「バブル崩壊」が起き、後《のち》に「失われた20年」ともいわれる「平成不況」の時代となるのだが、冷戦終結・多極化という国際情勢やＩＴ産業勃興などを背景に日本経済はなんとなく生き延びてきた。〝なんとなく〟と言ったのはつまり「昭和」の考え方を引きずってきたという意味で、それゆえ筆者は「平成」は〝過渡期〟だと言うのである。しかし「昭和」の考え方はもう〝消費期限〟を過ぎており、生き延びるための〝発想の転換〟が喫緊の課題として我々に突きつけられている。「令和」とはそういう時代なのだ。

「令和」には「平成」から引き継いだ課題がいくつかある。ここでは筆者の独断で二つ選んで「易」の観点で分析してみたい。（実はこの二つ以上に日本国最大の課題である「安定的皇位継承問題」があるのだが、これについては筆者は最近『幕末異界往還記』という小説の中に詳しく採り上げているので本稿では触れない）。

①「人口減少」と「東京一極集中」

まず一つ目は「少子高齢化」と「人口減少」の問題である。これは「地方の衰退」と「東京一極集中」という難問ともリンクする。

総務省統計局は平成20（２００８）年を「人口減少社会元年」としているが、有識者たちはもっと前から日本の人口減少社会到来を警告していた。しかしこれは日本だけの問題ではない。国連の報告書（World Population Date Sheet）によれば２０１５年時点で少なくとも20カ国が「人口減少」の局面に入っている（国名を見るとほとんどがヨーロッパ諸国でアジアでは日本だけ、あと太平洋の島嶼国が少し）。つまり（島嶼国を除けば）いわゆる老舗の先進国の人口が総じて減り始めているのだ。

原因として共通して挙げられるのは「出生率の低下」である。『２０５０年　世界人口大減少』（D・ブリッカー、J・イビットソン共著）という最新の研究書を見ると、出生率の低下は先進国だけでなく全世界的傾向で、その背景は「都市化」（旧来型農村共同体の消滅）とそれによる「女性の地位向上」だという（アジア・アフリカも例外ではない）。農村共同体において貴重な「労働力」でもあった「子ども」は都市社会では逆に「負債」となり出産のモチベーションが下がる。一方都市化による教育環境の改善もあって女性も自分を向上させる道が開け、男性に従属しないようになる。そうなると確実に出生率（婚姻率も）は低下する、という訳だ。

再び日本について考えてみよう。日本では人口減少になる前から（21世紀に入るころから）「少子高齢化」が指摘されていたと筆者は記憶している。実際筆者の幼少時代（昭和の高度成長期）と比べると子供は減っていると肌で感じたものだ。一方で日本人の平均寿命は年々伸び、いわゆる「団塊の世代」のリタイアで「生産年齢人口」が減り始め人口ピラミッドもいびつになる…とにかく平成の中頃（小泉政権の頃）にはすでに日本は〝黄昏《たそがれ》〟を迎えていた。「改革なくして成長なし」という当時の小泉首相の決め台詞《ぜりふ》は正に「蟷螂《とうろう》の斧《おの》」だったとは言えまいか（現下の首相も最近まで同じ様なことを言っておられたが）。この人口動態の下《もと》でGDPなどの量的「経済成長」を目指すのは時代認識（陰陽の判断）が間違っているとしか思えない。（数字に表れない質的な「成長」は目指すべきだが）。

そこで迎えた「令和」時代の幕開けは、「易」の言葉を借りるなら「陽」から「陰」もっと厳しく言えば「乾《けん》」から「坤《こん》」、喩《たと》えるなら昼（昭和）から黄昏《たそがれ》（平成）を経ていよいよ夜に変わった様なものだ。「乾」と「坤」については2章の③で述べたが、この際もう少し詳しく解説しておこう。

「乾坤一擲《けんこんいってき》」という四字熟語がある。運を天に任せて大勝負に出る、といった意味だが、出典は中唐の詩人韓愈《かんゆ》の詩。韓愈は唐王朝の崇仏政策に反し儒教の復興を唱えた役人でもあったが、なるほど「乾坤一擲」という言葉は易占に向かう時の息詰る緊張の一瞬を彷彿とさせる。易占で示される卦は六十四あるが、その基本となる二つの卦が「乾（乾為天）」と「坤（坤為地）」なのだ。

「昭和」「平成」「令和」の三時代を静かに顧《かえり》みる時、筆者は『易経』の上巻（『周易上経』）冒頭に出てくる「乾（乾為天）」の竜の話を想起する。この話はけっこう有名だが紹介しておこう。6コマ漫画をイメージすると分かりやすいが、順に追って行くと

①地中に竜が潜んでおり、時の来るのを待っている（潜竜）。
②竜が地上に現れ、世人に認知される（見竜）。
③（警戒せよとの注意喚起）
④竜は天に飛躍の時を迎えたが、なお慎重に力を蓄えている。

⑤竜は遂に昇天する（飛竜）。
⑥昇りつめた竜は降りるしかないが…（栄枯盛衰の理が示される）（亢《こう》竜）。
という話である。

古来中国では「竜」は皇帝の象徴であった。後に仏教と習合して「八大竜王」という雨神に転じたり、道教的世界観の中では東方を護る「青竜」に転じたりした。霊獣「麒麟《きりん》」の頭も竜である。日本神話に出てくるヤマタノオロチや西洋のドラゴンなど、「竜」は古今東西の神話伝承に盛んに登場する。

それはさておき、この「乾」の話には「潜竜」「見竜」「飛竜」「亢竜」と4種類の竜が登場して世の栄枯盛衰の理《ことわり》を示している（正に起承転結だ）が、筆者はそれぞれ「昭和戦前」「敗戦後」「高度成長期」「平成」に当てはまると見る。

「昭和」は戦前の「潜竜」が戦後地上に現れて「見竜」となり、戦後改革を経て高度成長という「飛竜」の姿を示した。飛竜は昇天してしばらく栄えたが、バブル崩壊という挫折を迎えて「平成」に移行する。「平成」は過渡期だけに「昭和」の残照と悔い改めるべき遺風から抜け出せない。結局「人口減少」や「原発事故」「皇室先細り」…などの課題に直面し対策措置を始めるが、所詮は過渡期…次の「令和」に諸課題を先送りしてその役目を終えた。この「平成」こそ「亢竜」のイメージにぴったりである。「令和」は引き継いだ諸課題に真正面から向き合わねばならない時代なのだ！

ここで「平成」＝「亢竜」と喩《たと》えたが、「亢竜」というのは『最も高いところに昇り詰めた竜』であってあとは下るしかない姿である。『易経』の中でその続きとして「坤（坤為地）」の卦が置かれている意味も深長だ。筆者の喩えを延長するなら「令和」は「坤」に当るので、次に「坤」の卦象を見てみよう。

「坤」（䷁）は見ての通り六爻皆陰、純粋の「陰」卦である。『易経』の卦辞によれば、「地の徳に厚く包まれ、牝馬《ひんば》の如き従順貞正の態度を保てば望みは大いに通る」とのこと。〝純粋の「陰」〟も決して捨てたものではない。しかし「乾」とは真逆《まぎやく》の処し方を求められるので、脳内も〝リセット〟しなければならない（これは一見難しいがやらねば生きていけない）。『易経』では「坤」の象徴として「牝馬」を示してくれている。「従順貞正」という字義も玩味することだ。（間違っても「じゃじゃ馬」になってはいけない）。

〝「乾」と真逆《まぎやく》の処し方〟とは、要するに「昭和」と真逆の考え方である。先ほど「昭和」世代共通の原風景として「東京オリンピック」をあげたが、今回2020（令和2）年の東京オリンピックが延期されたことこそ「令和」時代の〝卦象〟を暗示している。オリンピックの延期は史上初であり、日本国民はいやでも時代転変の激しさを思い知らされた（天は新型コロナウィルスの蔓延という未曾有の事態を以て分かりやすく「令和」の実相を示したとは言えまいか?）。「令和」時代が「坤」の時代である限り、東京オリンピックが〝完全な形で〟1年後無事に行われる保証はない（何とか行えるのではないかと期待してはいるが）。

オリンピックもこの際「人口減少」時代に適したあり方を再考すべきかもしれない、少なくとも「過去の成功体験」に頼ってはいけない…それが「易」の教えるところである。

「人口減少」に対する処し方をまとめたい。脳内でイメージして欲しいのだが、有史以来右肩上がりでここまで来た日本人の頭数《あたまかず》が初めて減少し始めたことの意味は深重である。自治体レベルの「子育て支援」や「婚活支援」といったような小手先ではどうにもならない。地球レベルで人口が減り始めようとしているのだから、腹を括《くく》るしかないと筆者は思う。しかし「地方」にとっては「東京一極集中」を是正することは人口対策上意味が有る。

思えば「幕藩体制」下にあった江戸時代の日本は、人口こそ横ばいだったが250年以上にわたる長期安定社会を実現した優れた国体モデルではなかっただろうか。江戸と京都に幕府（権力）と朝廷（権威）が分立する二元体制と、参勤交代や人質（正妻を江戸に住まわせる）の見返りに保証された領国経営の自在性は、「中央と地方の均衡ある発展」に長期にわたり寄与したのである。

特に文化面では各藩の特長が活かされ理想的な「地方主権」が実現していたと言える。例えば筆者ゆかりの備前岡山藩はいち早く四民平等の儒学教習所「閑谷学校」を設け、各地の藩校の先駆けとなった。頼山陽、大鳥圭介など他藩の学徒も盛んに逗留した「閑谷学校」は「令和」に至るまで血脈をつないでおり、かつて「教育県岡山」と謳《うた》われた地域性を醸成したものだ。（こういう「お国自慢」を全国レベルで戦わせられる様なら「地方再生」も絵空事ではなくなる）。

明治維新以降の急速な近代化は日本の誇りではあるが、中央集権化によって「中央と地方の均衡ある発展」は阻害された。交通手段（鉄道、高速道路、航空路）の飛躍的発展も「ストロー効果」を生み「東京一極集中」を加速させた（この点では昨今人気の田中角栄も勉強不足だったと言わざるをえない。彼は安岡正篤を遠ざけたことで大局的に損をしたのではないか？）。

ひたすら〝坂の上の雲〟を追うのもよいが程度問題である。「易」は実践面で盛んに「中《ちゅう》する」（バランスをとる）ことの重要性を垂れている（四書五経にはそれこそ『中庸』という書物もある）が、これは江戸時代の「地方」が活き活きとしていたことと大いに関係がある。江戸時代盛んだった儒学の学徒たちは大なり小なり『易経』（や『中庸』）もかじっていただけに「中する」という思想を知っていたであろう。そのせいか儒学者は基本的にそれぞれの郷里に留まり、江戸や京都へ〝進学〟してもほとんどが故郷に戻っている。江戸時代後期になると蘭学が盛んになるが、蘭学者の多くが江戸に骨を埋めたのと対照的ではないか？（また手前味噌だが、現在の岡山県も宇田川玄随、箕作阮甫《みつくりげんぽ》、緒方洪庵といった名だたる蘭学者たちを輩出したが、彼らは結局江戸に骨を埋《うず》めている)。

筆者思うに、基本的に「自然科学」たる「蘭学」より「人文哲学」たる「儒学」の方が、結局「中央と地方の均衡ある発展」にとっては有益だったと言えるのではないか? 「儒学」を遠ざけ「蘭学」の方向を推し進めた近代日本が「東京一極集中」を招来したのはそういう思想的背景によるところ大である。

「令和」の現在《いま》改めて繰り返すが、「東京一極集中」の是正なくして「人口減少」を食い止めることはできない。(一方で「人口減少」を前向きに捉えようとする向きもあるが)。

では「東京一極集中」の是正に必要なこととは何か? その回答のヒントは窮極の時「天」によって示されるが、ここでは二つ挙げたい。それが本章の②と③である。

②原発問題

筆者は「平成」から引き継いだ課題として独断で二つ選ぶと述べた。その一つ目が「人口減少」→「東京一極集中」で、二つ目が「原発問題」なのだが、この二つの課題は根底で繋がっている。

平成23(2011)年3・11の福島原発事故の惨状は(最近映画化されたりしているが)誰しも忘れてはいまい。あれで生活基盤を奪われ急遽避難を余儀なくされた住民は16万人(8年後の令和元(2019)年時点でも5万人以上)を数えるのである。筆者の住む岡山県にも多くの避難者が移住して来た。あの後国内の原発は順次停止し一旦〝原発ゼロ〟が実現した。(令和2(2020)年春時点では西日本エリアで5箇所9基の原発が再稼動を果たしている。日本人はまだ懲りていない）。

何より重大なことは、事故の処理（メルトダウンした原子炉の廃炉解体）が10年近く経ってもほとんど手付かずということだ。周知の通り事故現場はいまだに放射能汚染が強烈で人が近付けない。発生し続ける「処理済み汚染水」は原発敷地内のタンクに順次貯蔵されているが、既にタンクの増設余地は無くなりつつある。令和４（２０２２）年までに「処理済み汚染水」の行き先が見つからない場合、結局海洋放出しかないとされる。それが〝復興〟の実態なのだ。

フクシマの事故処理を完了させるのには40年（費用は賠償費を除いても40～50兆円）は掛かるとされている。40年となると最初から最後まで責任を取れる人はいない。（筆者も生きて〝フクシマの廃炉完了〟を見ることはできまい。つまり『令和』の次の時代まで解決は先延ばしされるのだ）。

まずこの事故を立脚点に「原発」とは何か、「易」の観点から再検討したいと思う。


筆者が学生だった１９８０年代には既に「脱原発運動」が行われていたが、案の定１９８６年ソ連でチェルノブイリ原発事故が起きた。筆者の大学からそう遠くない所に日本最初の商用原発である東海原発があり、誘われて現地での脱原発集会に参加したりもした。そのとき筆者が悟ったことは（某政党のスローガンでもあったが）、「核と人類は共存できない」ということである。脱原発運動の参加者には女性（特に若い母親）が多かったが、放射能の怖さは正に〝生命防衛本能〟に敏感に訴えるのだと感じた。チェルノブイリ原発事故は全人類に放射能の怖さを知らしむる機会だったはずなのだが…。

近代文明の恩恵に埋没すると「放射能の怖さ」も二の次となる。筆者が縁あって入社した大手製鉄会社は〝国策〟によって原子炉圧力容器の壁となる鋼板を製造していた（入社してからそれを知り、退職の動機にもなった）。

「原発」は「パンドラの箱」に似ている。人類にこの「箱」をもたらしたゼウスはギリシア神話の主神だが、もちろんパンドラがこの「箱」を開けることを前提に地上にもたらしたのである。ではゼウスが悪いかというとそうではなく、黄泉《よみ》の国で亡妻イザナミに呪われ人命有限の宿命を受け入れたイザナギ同様、天地開闢の付帯条件としての「箱」だったのだから致し方ない。

しかしフクシマの今後を思うと、「原発事故」のもたらす厄災は「パンドラの箱」の比ではない。ゼウスも想定外の難物である。しかし、「易」の思想によれば「原発事故」からも必ず立ち直れるはずである。一陽来復と言って、「易」の世界では永遠の「吉」または「凶」は無く、必ず転変するからだ。但しこの件に関しては人類が「原発」を諦めることが前提である。それが「天の声」だ（こう言うといぶかる向きがあろうから補足説明をします）。

「原発」を諦めなければならない理由を単純な三段論法で説明すると、

①「原発」事故は人間の些細なミスから起きる

②人間は絶対ミスを犯さないとは言えない

③故《ゆえ》に将来「原発」事故は必ず起きる

ということになろうか。

微小な事故はしばしば起こしている「原発」（を使い続ける人間）が、チェルノブイリやフクシマ級の事故を二度と起こさない保証は無い。福島原発事故の処理完了には結局半世紀近い歳月と数十兆円の血税がかかるのである。それでも「原発」を諦めないのは「思考停止」以外の何者でもない。

「原発」は地球温暖化対策として有効だという意見もある。

地球温暖化対策が人類にとって死活問題であることに異論はない。しかしシフトすべき低炭素エネルギー源として、水力に加え太陽光や風力などの自然エネルギー（再生可能エネルギー）だけでは現状火力の穴を埋められないのも事実だ。結局現実問題として脱原発は当面困難、という〝常識論〟がまかり通る次第である。

「易」の観点で申し上げれば、〝常識論〟が常に正しいとは限らない。〝常識〟だって変わり得るからである。そもそも「地球温暖化」を「フクシマ級の放射能汚染のリスク」で肩代わりさせようという〝常識論〟など早晩破綻の運命にある。先ほど三段論法で示したように「核（原子力）と人類は共存できない」からである。つまり（こじ付けではなく）「原発」は「天地の理」に反しているのだ。

その点自然エネルギーは重大事故のリスクが無い。（核燃料サイクル政策が破綻した現在）人類には処分不可能な〝放射性廃棄物〟とも無縁だ。〝天候任せ〟で不安定だという向きもあるが、〝天候任せ〟というのは正に「天地の理」に沿うということではないか？世界的に見ると自然エネルギーの「費用対効果」も年々改善している。一方、テロ対策施設設置の義務化で原発のコストは増大しつつある。経済合理性の点でも自然エネルギーに一本化＝速やかなる脱原発、という方向性が見えているのだが、これは電力業界にとっては「不都合な真実」でもある。原発は既に基幹電源として利益の柱となっており、「原発で食べてきた」関係者も相当の数にのぼるからだ。

最近世間を呆れさせた某電力会社の高浜原発を巡る「官民癒着」事件。あれを見てつくづく思うのは、人類にとっての原子力は幼児が火を扱うようなものということだ。長年国策の下《もと》原子力に携わってきた関係者各位には一面敬意を表するが、今こそ「天地の理」に沿うべき時である。為政者が「身の丈」を知らない国であればなおさら声を上げねばならない。

そこで話を戻すが、実は「脱原発」は「東京一極集中」対策にも有効と思われる。どういうことか簡潔に述べておこう。

福島原発や新潟の柏崎原発（関西なら高浜原発）などがどこに電力を供給しているか、言わずもがなである。根底に先述した「中央と地方の不均衡」という歴史的矛盾構造が見えはしまいか？その「不均衡」を逆手に取り、巨大な〝利権まみれの箱もの〟誘導によって「中央と地方の不均衡」をさらに確定させたのが「原発」といっても過言ではない。（被災者は言うまでもないが）あの福島原発事故でそれに改めて気付いた国民は少なくない。（元首相でありながら過ちを改むるに憚《はばか》らず「脱原発」を訴える小泉パパには敬意を表します）。

「改革なくして成長なし」という決め台詞で「平成」の中頃一世を風靡した政治家小泉純一郎。彼がどこまで深読みしているか分からないが、「脱原発」は「天地の理」に従う思想の顕《あら》われであり、「陽」から「陰」へという時代の潮流に従った主張に他ならない。「令和」はどう見ても「陰」の様相を呈しているのであって、間違っても量的な「経済成長」など追いかけてはいけない。武田鉄也の映画『降りていく生き方』とか五木寛之の随筆『下山の思想』とか、平成時代既に「令和」の生き方を先取りする著名人の発信もあったが、とにかく世界は「経済成長」より「持続可能性」を追求する方向に舵を切っている。

前段の話題に戻るが「人口減少」についても前向きに捉える発想はある。例えば昨年（平成31（２０１９）年）物故した思想家上廣榮治氏（実践倫理宏成会前会長）の遺稿に曰く

「多くの困難はありますが、人口減少は悪いことばかりではないのです。経済大国ではなくなりますが、文化大国、仕合わせ大国を目指せばよいのです。夢をもてない一億二〇〇〇万人より、希望に満ちた八〇〇〇万人のほうが、どれほど活力のある社会であることか…」（『こころのヒント〔上〕』より）

話をまとめよう。昭和的「経済成長戦略」という「陽」の〝鬼っ子〟が「原発」であった。昭和的「経済成長戦略」は地方を犠牲にして都会を（というより東京を）栄えさせ、「東京一極集中」を促進させ、東京など都会の「兵站《へいたん》」として地方に「原発」を揃えさせた。正力松太郎とか中曽根康弘とか、日本の原発黎明期に黒幕として暗躍した政財界大物にしても、「易」の観点で見れば将棋の「駒」のようなものではないか。（では駒を動かしたのは何者でしょうか?・）。

昭和的「経済成長思考」からの脱却なくして「東京一極集中」の是正も「原発問題」の解決もない。

③新型コロナ・パンデミック

ここでとり上げる「新型コロナウィルス」（以下「コロナ」と略す）の問題は、「令和」になってから突如勃発したという点で「人口減少」や「原発」の問題とは異なる。言わば降って湧いた異次元の「天災」であるが、これは実は人類にとっては〝過去問〟でもある。そこで〝歴史に学べ〟という訳でカミュの『ペスト』（中世ヨーロッパのパンデミックを題材にした小説）が今読み直されたりしているのだ。しかし『ペスト』を読むまでもなく、人類が過去、数々の感染症との〝闘い〟において苦戦はしても必ず勝利してきたことは既に自明である。

ただ今回の〝闘い〟においては、執筆中の現在（令和２（２０２０）年4月）事態が刻々進行中であり、本稿も後で加筆せねばならなくなる可能性は多分にある。が、筆者が一つ誤解を恐れず強調したいのは、今回の「新型コロナウィルス」は「天の遣わした使者」ではないか?・ということだ。人間だけでは起こり得ない変化が生じている…今回の「緊急事態宣言」発令前後からネット上などで「東京脱出」の文字が飛び交っているのが好例だ。

実は「人口減少」や「原発事故」も「天の声」と言えるのだが、今回の「コロナ」は〝奇襲攻撃〟でありインパクトの大きさと広がりは半端でない。周知の通り世界中が〝大戦以来のパニック〟の中で、日本を始めとする東アジア諸国（儒教文化圏）は比較的落ち着いているが、これも何か意味があるように筆者は思う。少なくともアメリカが西洋代表として世界をリードする時代は終わったようだ（シュペングラーの『西洋の没落』という警世書を思い出したのは筆者だけだろうか？）。感染症との闘いはワクチンさえ開発されれば勝てるのである（過去のパンデミックは全てそうだったが、特に100年前のスペイン風邪の事例に学ぶべきだ）。安倍首相が一見冷静なのはその理屈（勝算）を漠然と感じているからではないか（いやそうであって欲しいのだが…とにかくこういう〝有事〟の時は為政者はじたばたしてはいけない）。あえて不謹慎のそしりを恐れず申し上げれば、今回のコロナ・パンデミックは日本にとっては「社会体質改善の劇薬」と言えなくもないのだ。

都会生活の悪習、不要不急な夜の徘徊、大衆を過剰扇動するイベント等々、これらはいわゆる「三つの〝密〟」を伴う社会行動である。具体的に言えば、まず「都会生活の悪習」とは例えば毎朝の一斉通勤（いわゆる「通勤地獄」）。これについて今回計らずもテレワークの拡充や時差出勤（あるいはフレックス出勤）という社会行動モデルの改善が起きている。次の「不要不急な夜の徘徊」については、銀座や歌舞伎町の変化を想起すればよかろう（もちろん「夜の産業」従事者の救済は当面不可欠だ）。最後の「大衆を過剰扇動するイベント」とは例えば去年と今年の「東京マラソン」の変化を見れば一目瞭然だが、今年の方がむしろ正常に感じたのは筆者だけだろうか？「過剰扇動」の最たる事例は、誘致活動以来莫大な資金を投入してきた「東京オリンピックパラリンピック」ではないか？（1年延期されたがこの際過剰な〝提灯〟は全て取り外して実施すべきだろう）。

要するに今回の「天災」を通じて日本人も大きく変わらなければならないと筆者は思う。

それこそが「令和」に課せられた「天命」なのではないか?筆者には「易」の哲理が中国で誕生したことと、今回の「コロナ」が中国で発生したことが単なる偶然とは思えないのである(ちなみに中世ヨーロッパを襲ったペストも中国が発祥地だったというのが定説だ)。

ところで感染症の世界的大流行を指す「パンデミック」という言葉は、ギリシア語の「パン(あまねく)」と「デモス(人々)」の合成語であり、「あまねく人々に影響を与える」というのが字義である。有史以来人類は何度も「パンデミック」を経験してきたのであるが、結局文明発展(人類の行動範囲の拡大と移動の高速化・自由化、つまりグローバリズム)の徒花《あだばな》としてこれを捉えることができるだろう。それは今回の「コロナ」の拡散過程を顧みれば腑に落ちる。

「万物の霊長」たる人類は動植物を飼いならして食料化したり、生産手段や移動手段に利用したりしてきた。そうやって人類があまねく生態系に踏み込んでいる以上、その〝対価〟として新種の病原体は今後も人類に取り付くであろう(鳥インフルエンザや豚熱などもいつヒトに感染するか分かったものではない)。人類は知らぬ間に「天」に唾《つば》する様なことをしてこなかっただろうか?「天罰」と言うと語弊があるが、「天の声」というものは間違いなくある。それを聞く手段が「易」なのだ。

「原発事故」の時同様に、今回のパンデミックを機会に人類も今こそ「易」の哲理を学び直すべきではないか。つまり〝座して死を待つ〟のではなく、「天地の理」に沿い、常に「陰陽」二つの方向性のバランスをとりながら生きることである。

特に時代が「陽」から「陰」に転じる時は対処が難しいので、垂範者たる「リーダー」たちの責任は重大化する。オリンピックの延期や緊急事態宣言発令などは易しいことであって、今はもっと画期的な施策が求められている（まさに「令和維新」である）。「易」が戦国武将や政財界要人に支持されたのは当然の結果なのだ。（余談だが、逆に時代が「陰」から「陽」に転じる時は痛快である。日本史で言えば戦国と幕末が典型であって、大河ドラマにも最適という訳だ。その後幕藩体制確立とか日清日露戦争とかを契機に「陰」に転じていくのであろう）。

何度でも言うが、「原発事故」同様「コロナ」もそれに気付かせる「天の声」と捉えるべきである。あいにくカミュの『ペスト』を紐解《ひもと》いても今後の進路（「天の声」）は示されない、やはり遠回りの様でも改めて『易経』を活用すべき時なのだ。さすれば緊急事態宣言が出ても「医療崩壊」に瀕したとしても（医療従事者の苦難は察するに余りあるが）、心中どこかに「希望」を持ち続けられるはずである。「易」の世界には〝完全な絶望〟など無いのである。

5　まとめ

本稿も締めくくりの段階を迎えた。前の4章でかなり言いたいことを言わせてもらったので、最後は軽い気持ちで「落穂拾い」をしていきたい（言い忘れたこともあるかもしれないので）。

本稿の2章で「共時性」の話をしたが、実は今回も筆者は不思議な体験をした。

「令和時代に活かす『易経』」と題して啓蒙書みたいな本を出そうと一念発起したのが今年（令和2（2020）年）の正月明けだった。まず執筆目的（〝陰〟の時代の生き方）から逆算して構成を練り、章立て（目次）をこしらえ、それから図書館や古書店に通って知識の補充と理論武装を始めた頃、例の「新型コロナウィルス」で世間が騒ぎ出したのである。

最初は武漢からの邦人引揚げと横浜港に隔離されるクルーズ船の話が続き、今回の執筆とは無関係に思えた。が、まもなく国内最初の感染者が報告されたかと思うとあれよあれよという間に全国に広がったのを見て、自分の「一念発起」はこれ（「コロナ」）の前触れ（潜象）だったのでは？と気付いた。そこで本稿の山場である4章に「新型コロナ・パンデミック」という部分を追加したのである。

只《ただ》の偶然と言えばそれまでだが、そこに何らかの意味（俗に言う「虫の知らせ」）を感じないでこれからの時代を渡っていけますか？と筆者は言いたいのだ（2章参照）。案の定3月には安倍首相の判断で全国全ての学校が休校となり、東京オリンピックも一年延期された。4月になるといよいよ政府が史上初の「緊急事態宣言」を発令するに至る。（しかし外出自粛の〝怪我の功名〟と言うと語弊があるが、筆者の執筆は早く進んだ）。

「コロナ」に限らず感染症対策としては、まず日頃から病原体に負けない「免疫力」を付けておくことが基本である。そこで紹介したいのが東洋医学の「薬食同源」思想である。一般に東洋医学（あるいは漢方医学）は予防医学的色彩が濃く、「自然食」など各種食事療法のルーツとして近年改めて注目されているが、「易」研究家の竹村亞希子先生は一歩進んで「断食療法」を推奨されている。筆者も「半断食」（一日二食少量の玄米粥と漬物のみ）は体験したことがあるが、「断食療法」になると白湯《さゆ》だけの様である。

竹村先生の曰く

「（自然食以上に）断食は陰をより強く生じさせる方法でした。それを気づかせてくれた本が『断食療法の科学』（甲田光雄著、春秋社）です。断食は、健康管理としてだけでなく、易経の理解を深めるのにも大変役に立ったと思っています。」

「どんなに…病弱な人でも粗食にして、さらに腹八分目にする人は良運に変わり、健康長命になるといいます。」

竹村先生は「易」の「陰徳」思想を予防医学に応用しておられるのだ。（筆者もこの考え方に賛同する。事実筆者は高校時代以来インフルエンザに罹ったことがない。今後は「断食療法」にも挑戦する所存である）。

かように「易」を含む古代中国の知恵は現代人の健康増進にも寄与している。「コロナ」を奇貨として「易」の思想を食生活にも取り入れることをお薦《すす》めしたい。「断食」は難しいが「二食《にじき》（昼食を抜く）」ならできるだろう。日本人は江戸時代初期までは「二食」だったのだ。太り気味の方はこれを数日間試してみたらいかがか？（しかし朝晩過度に食べては無意味だが）。とにかくこれからは食生活も〝陰の時代〟に合った様にするべきなのだ。（それは地球環境保全にも資する。次回は「食」をテーマにした本を書いてみたい）。

竹村先生は著書『超訳・易経』の中で陰の時代の生き方について（食に限らず一般論として）ヒントを示しておられるので重要点を数点紹介しよう。

①陰の時代は何事もブレーキが作動し前に進もうとしてもままならない。天が赤信号を点《とも》しているのである。今は充電をして土壌を涵養する時である。（陰の道は、臣下の道、妻の道である。従うことで陰徳が積まれる）。
②欧米人を「陽」とすると、日本人は「陰」に分けられる。勤勉実直で奥ゆかしいが、難局では芯の強さを発揮する。外来の知識もすぐに取り入れ、日本風にアレンジして自家薬籠中の物とする。これは陰の重要な特質である。
③大地は雨も嵐も（日照りや旱魃も）、選り好みせず一切合財受け入れ、あらゆる植物を生み育てる。これが清濁併《あわ》せ呑《の》む「度量」であり、陰ならではの強みであり喜びである。
いかがでしょうか？

『陰徳太平記』という毛利家を扱った軍記物語があることは先述したが、近世武家社会に「陰」の時代性がある（朱子学の影響だろう）ことは確かである。一方、戦国時代は「陽」の時代と言えるがそれは反面秩序の崩壊した（正に「麒麟」が待望された）下克上の時代である。そんな最中、中国地方に覇を唱えた毛利家は一面〝律義者〟と評されたゆかしい家風を持つだけに、自家の史書名を『陰徳太平記』としたのは頷《うなず》ける。

近世には武家以外の庶民にも朱子学の影響が及んだが、特に三大商人の一つ近江商人（現在の伊藤忠や丸紅など）に「陰徳」の哲学があったことは注目される。近江商人と言えば「売り手よし、買い手よし、世間よし」の利他精神で知られるが、彼らは店内に「陰徳善事」という標語を掲げていた。これは仏教の因果応報思想でもあるが、本来は「易」の思想である。

社名に「易」の「陰徳」思想を取り入れた企業に化粧品会社の資生堂がある。これは坤為地の卦辞にある「至れるかな坤元《こんげん》、万物資《と》りて生ず」（大地のはたらきは至大である、よろずの物みなここから生まれる）から採っているのだ。

乾為天の竜の話は紹介したが、対極にある坤為地のキャラクターは牝馬《ひんば》である（竜の様なストーリーは無いが）。坤為地の卦辞によれば、いよいよ「陰の極」にある時も、ひたすら牝馬の如く「従順利貞」の徳を保て、とのこと。さすれば地の徳が共鳴して終《つい》には慶《よろこ》びを得る、とのこと。

これを筆者なりに補足するとこうなる。…ひたすら隠忍自重して「陰」の時代を過ごすことで「陰徳」が積まれ、その報いとして「陽」が生じる…従って陰の時代から陽の時代への近道は、積極的に陰徳を積んでいくことの中にある（「陰徳陽報」の理《ことわり》）。

ともあれ陰の時代は土壌作りの時代である。次の時代に備えてじっくり土作りをしておけばまた花も実も愉しめる時代が来る。そのための〝陰の時代〟である。明けない夜はない、ディストピアの次には『麒麟』ならぬユートピアが来る、と肝に銘じることである。（その点令和２（２０２０）年のＮＨＫ大河ドラマの題名は「令和」の時代性に適っている）。

「易」の六十四卦（29ページの一覧表参照）によって天地人森羅万象のすべてが読み解けるが、基本は乾為天と坤為地である。残りの六十二卦はその応用と言ってもよく、易占で出現する都度状況に照らして読んでいけばよい。が、最後に乾為天と坤為地の両極以外で「令和」時代の日本人に一読お薦めしたい卦を二つ紹介したい（竹村亞希子先生の所説を参考させて頂いた）。

一つ目は坎為水《かんいすい》（䷜）。洪水が繰り返す、険難が重なっている状態である。（震災・津波・原発事故あるいは「コロナ」パンデミックなど想起せよ）。その様な境遇にあっても心に誠の信を失わなければ河の水の如く通っていく、と卦辞にある。人間の真価は困難に打ち克つことである。為政者は天地の険阻に倣《なら》って国境を守る、そして民を導かねばならない、とこの卦は示している。

ちなみに筆者が本稿執筆開始後まもなくこの坎為水の卦が出た。既に「コロナ」で世情騒がしくなっていたが、立卦の翌々日米国トランプ大統領が「国家非常事態」を宣言した。これはいよいよ本稿においても「コロナ」の部分が山場になると筆者も腹を括《くく》った次第である。

二つ目は山天大畜《さんてんたいちく》（䷙）。天の氣が山中に蓄えられている状態で、陰徳を積んでいる状態とも言える。その意味でこの卦は坤為地（正に今）と符合する。結果として大器晩成を説いており、次世代に継承すべき力を蓄える、陰の時代にふさわしい心のあり方を説くものだ。

筆者が「易」と出合ったのは奈良県天理市だった（これも意味があると思っている）。そこで聴いた河合隼雄先生の講話の中に「伏せ込み」（天理教では人知れず陰徳を積むことを「伏せ込み」という）と絡《から》めて「易」の山天大畜の話があった。求道者然とした河合先生にとっても印象深い卦の一つだったのだろう。

今、河合先生が生きておられたら「令和」の世情をどう読み解かれるだろうか…懐かしく回想しつつ今回はペンを置きたい。（了）

（主な参考図書）

高田眞治・後藤基巳 訳　『易経』上・下　岩波書店
竹村亞希子　『超訳・易経』　角川ＳＳＣ新書
山蔭基史　『易経と決断力』　マネジメント社
安岡正篤　『易と人生哲学』　致知出版社

野間文史　『五経入門』　研文出版
河合隼雄　『宗教と科学の接点』　岩波書店

（追記）

本稿上梓に当たり、光栄なことに黒住教名誉教主である黒住宗晴氏の玉稿を賜った。これは氏と筆者の父が高校時代の学友であった御縁で実現したものだが、お蔭で改めて黒住教について学ばせて頂く機会も得た。

実は氏から頂戴した『黒住教教書』を拝読して、教組宗忠が「易」を立てていたことを初めて知ったのである。宗忠は多くの和歌（御歌）、書翰、旅日誌などを残しているが、「易」の哲理と符号する表現も散見される。

筆者は「三大教派神道」（黒住教、金光教、天理教）いずれとも浅からぬ縁を有するが、思えば一番身近に在ったのが黒住教であった。（教組宗忠の出所である備前国御野《みの》郡今村（現在岡山市北区今）の「今村宮」は筆者の実家から程近い）。やはり「神縁」というのはあるものか？いやこれも「天の声」か、と宗晴氏の謦咳《けいがい》に接しながら感じ入った。ここに謹んで謝意を表明するものであります。

古代妄想論（吉備国編）

今西　宏康

一　序文に代えて

「岡山」は古い歴史・文化に恵まれた所である。今さら何故そんな分かり切ったことを言うのかというと、（行政当局を責める気は無いが）岡山が総じて〝古き宝の持ち腐れ〟状態にあるからだ。ご同意頂ける郷土史愛好家も少なくないと推察する。筆者も「もの書き」の端くれとして、文筆を通して岡山の地方創生に資したいと志してきたが、実は「地方創生」に最も資することは〝歴史・文化の継承〟ではないかと昨今痛切に思うのである。

そこでこのたびは僭越ながら、岡山の歴史・文化の原点である「古代の吉備」について思うところを語ろうとペンを執った。

岡山の「原点」を考える時まず思い浮かぶのが「桃太郎伝説」を生んだ「古代吉備王権」である。その最大の有形遺産である「造山《つくりやま》古墳」の発掘が岡山市教委によって地道に続けられ、今春晴れて「造山古墳ビジターセンター」がオープンしたことへの祝意も込めて語って行きたい。

ただ〝遺跡発掘〟とか考古学とかは筆者の専門外である（といって予防線を張っておきます）。専門外なればこそ「身の丈」をわきまえぬ妄言も飛び出しそうなので本稿の題《タイトル》を『妄想論』とした。諸先達各位にはどうか軽い気持ちでお目通し頂ければ幸甚であります。

造山古墳

さて一口に「古代史」と云ってもその年代的定義は国ごとに異なる。そこで「日本古代史」と限定するにしても、まず戦前と戦後でその捉え方が全く違うことは云うまでもない。その違いは多分に政治的要因によるのだが、結局「天皇制の起源」の捉え方というか扱い方の違いであろう。本稿では「天皇制」

云々は極力棚上げして筆者が教わった「戦後」の「教科書」に沿って話を始めたい。（ただ前段でお断わりした通り「専門外」の「もの書き」が郷土にこだわって綴《つづ》る文章ゆえ、途中「教科書」から逸脱することは充分あり得ます）。

話の「うったて」として、日本史において「古代」とは年代的にいつからいつまでを指すのかについて確認しておく。

まず「いつから」については戦後教科書によれば、「縄文時代」とか「弥生時代」とかの起源ということになろうか。（神社界宗教界でも現在、「天孫降臨」や「神武東征」といった記紀神話を「歴史」として真顔で語れる人は稀《まれ》ではないか？）。

次に「いつまで」についてだが、これも最近は二段階に区切る考え方が主流の様である。つまり縄文弥生から7世紀中葉の「大化の改新」まで（律令制以前）を「古代前期」、大化の改新以降平安時代末（12世紀末、律令制から封建体制への転換）までを「古代後期」とするものだ。これは云わば世界史特に西洋史とのバランスに配慮した区分だろうが（日本史の古墳時代以降の「古代」は概《おおむ》ね西洋史の中世前期と盛期に該当する）、とにかく日本（あるいは東洋）の「古代」は長い。

本稿では、この区分で云えば「古代前期」の「吉備」を扱うものとする。

二　「吉備」の立ち位置

ここで「吉備」に触れる前に「吉備」と比較して論じることになる「大和」、「出雲」、「筑紫」について簡単に語っておきたい。そもそもこの三つは〝古代日本の三極〟である。では「吉備」は「極」ではないのか？…ここで筆者が「三極」と定義するのは、「大和」「出雲」「筑紫」がそれぞれ独自に朝鮮半島

（大陸というべきか）とのパイプを有する「小王権」だからである。そのパイプはそれぞれ高句麗、新羅、任那百済を相手としていた。「吉備」にはそれに該当する半島との恒常的パイプはなかった。

まず「大和」であるが、云わずと知れた「皇祖」の王権。かつては帝国海軍連合艦隊の旗艦名に選定されもした。（そういえば「吉備」という軍艦は無かったと思う、「出雲」や「筑紫」はあったが）。

ここで言う「大和」は現在の奈良地方にとどまらず広く「大和王権の勢力圏」と解釈する。もちろん最初は狭義の〝大和〟（河内なども含めた大和川流域）に始まった王権だが、「四道将軍」や「ヤマトタケル」など記紀神話の英雄譚《たん》を経て最後は日本全国（東北以北除く）の覇者となった。「出雲」「筑紫」などと対峙していた頃でもその勢力圏に「越《こし》」（北陸）を含み、そこを通じて半島北部（高句麗）と繋がっていた。「大和」の王権内で高句麗の文化を積極的に学んで強大化したのが蘇我氏である（蘇我氏自身は百済出身である。蘇我氏は「吉備」にも足跡を残しているがそれは後述する）。

次に「出雲」だが、云うまでもなく現在の出雲地方を中心として山陰から但馬を経て「丹《に》の国」（京都府北部）までを勢力圏としていた王権。戦後は昭和59年に荒神谷遺跡が発見されるまで「出雲王権」を「大和」の創作とする見方が根強かった（梅原猛や司馬遼太郎などの著作にも見られる）が、それは長らく出雲大社に代表される神社仏閣しか史跡が無かったからである（現今の出雲大社は8世紀初め頃の創建、「大和」が建てたとされる）。

詳細は別稿で語る積もりなので少し端折《はしょ》るが、「出雲」の場合半島東南部（新羅）との関係が深い。日本列島に製鉄技術を最初にもたらしたのは半島東南部から出雲に来た渡来人たちであることは現在定説である。恐らく「出雲神話」の原形を創ったのも「大和」ならぬ渡来人たちであろう。『出雲国風土記』の「国引き」神話は正に新羅の国民が大挙して出雲に渡来してきた史実の比喩である。また、スサノヲ神話に似た伝承が朝鮮半島にもあるらしい。察するに記紀の「大蛇《おろち》退治」神話は征服者の「大和」が渡来人のそれを書き換えたものだろう。

最後の「筑紫」については、壱岐対馬を通じて半島南部、西南部（任那、百済）との交流が盛んだった。志賀島（福岡市）の金印で知られる「漢委那國王《かんのわのなのこくおう》」の王権である。昭和61年に発掘開始された佐賀の吉野ヶ里遺跡など北九州の弥生遺跡に特徴的なことは青銅器製造の跡が多いことだそうだが、これらも「筑紫王権」の姿を今に伝えている。

筆者は古代史の一大懸案たる「邪馬台国」については北九州に在ったと考えるが、これこそ「筑紫王権」そのものではないか？（世襲の王権ではなくシャーマンを担いだ合議制政権だったのであろう）。又、中朝国境に建つ「好太王碑」の碑文（4世紀末高句麗時代の作）に侵略者として盛んに登場する「倭」とは「大和」ではなく「筑紫」の武装集団（のちの「倭寇」の嚆矢《こうし》？）である。記紀にある神功皇后の「三韓征伐」もやはり「大和」が「筑紫」の体験を書き換えたものだろう。

「出雲」はかなり早い時期に禅譲（「国譲り」）によって、また「筑紫」は6世紀初頭の「磐井の乱」でそれぞれ「大和」に屈服したとされる。では肝心の「吉備」はどうであったのか？

「造山古墳《つくりやま》」の発掘が継続中なだけに、「吉備王権」の実態解明は今後の考古学的調査に期待したい。畿内を除けば日本最大の古墳である造山古墳は5世紀初頭の築造らしいので、ちょうど記紀の仁徳天皇の時代とかぶる。記紀には仁徳天皇の妃（側室）に吉備の「黒日売《くろひめ》」というのがいたと記されているのでこれは色々妄想したくなるというものだ。

ちなみに仁徳天皇の父である応神天皇の妃「兄媛《えひめ》」も吉備氏出身だ（仁徳は異腹の子）。さらに云えば応神天皇の祖父に当たる「ヤマトタケル」の母も妃の一人も吉備氏出身だ。要するに「吉備」は「大和」と代々姻戚関係にあった訳だが、仁徳の孫に当たる雄略天皇による吉備稚媛《わかひめ》の〝略奪婚〟に至って関係にひびが入ったと思われる（吉備稚媛《わかひめ》は『ワカヒメ』というオペラ作品にもなっていますが、この辺りの話は後述します）。

造山古墳の話に戻るが、畿内の古墳の様に国家が管理してこなかっただけに既に相当荒らされている。ウィキペディアによれば「…前方部の墳丘は破壊されており、その跡に造山集落の荒神社が建てられている。…（神社右後ろに残る石棺）はある時期に盗掘・乱掘されたものと推測され…。墳丘上には3列に巡らされている円筒埴輪列が見られるが…ほとんど拾い尽くされ、見つけることが困難」ということだ（近世の頃には既にそうなっていたのだろう）。が、今からでも何かすごいものが出てこないかと一縷の期待はしたい。

ついでに造山古墳の南東（足守川右岸）にある楯築《たてつき》遺跡について触れておきたい。１９７０年代岡山大学（近藤義郎教授ら）によって発掘調査された楯築遺跡は考古学的には弥生時代末期の遺跡である。「楯築」の謂《い》われは、３世紀にこの地に派遣されてきた吉備津彦命が先住者温羅《うら》の居城「鬼ノ城」を攻める際「楯」を立て並べた跡にちなむとのこと。

楯築《たてつき》遺跡の頂上部に祀られている祠《ほこら》の御神体は「旋帯文石（白頂馬龍神石）」（国指定重文）と云う石造物だが、何を意味する石なのか今もって謎である。そもそも

楯築遺跡

旋帯文石

この遺跡に埋葬された人物も謎なのだ（卑弥呼の墓だという説まであるが筆者は賛同しない。ともあれ楯築《たてつき》遺跡の解明なくして造山古墳の解明もありえない様な気もする）。

他にも多くの古墳・遺跡を有する「吉備」あるいは「吉備王権」とはそもそも何か？これ以上語ると馬脚を現しそうなので（詳細は先達の著述を紹介します）、ここからは地名などをヒントに（社会経済史的に）筆者なりの考察を試みたい。

古来、「吉備」は気候温暖で河川にも恵まれた豊かな土地として知られてきたが、それに加えてさらに吉備を豊かにしたのは「塩」と「鉄」である。備前の「塩」については近世児島の野崎家が有名だが、古代から吉備では盛んに製塩が行われていた（足守川下流の上東遺跡や牛窓沖の黄島では大量の製塩用の尖底土器が出土している）。「塩」にまつわる地名も各地にある。筆者が思い付くだけでも和気の「塩田」、姫路の「置塩《おきしお》」、児島沖の「塩飽《しわく》諸島」、三次の「塩町」などがあるが、それぞれ謂《い》われがありそうだ。「赤穂」や「伯方」といった〝ブランド塩〟が出てくるずっと以前から「吉備の塩」は重宝されてきた。塩作りに適した海を持たない（大阪湾や若狭湾はあったが生産量は少ない）「大和」では良質な「吉備の塩」は貴重だっただろう。

そして「鉄」である。元々は半島から「出雲」にもたらされた製鉄技術だが、「たたら」と称される砂鉄由来の製鉄業は中国山地で盛んとなった。これは徐々に山陽地方にも広がり、やがて「吉備」は古代においては日本一の鉄生産地となる。結果「真金吹《まがねふ》く」が「吉備」の枕詞《まくらことば》となり、その名残が岡山の地名に残っている（金川、金山、金光、金蔵山など）。だが中世になると山陽地方の製鉄業はすたれ、再び中国山地（奥出雲）のみの産業となった。

しかし「備中鍬」が全国ブランドとなった様に、吉備は鉄を農器具に活用し

牛窓黄島

て各地に供給していたのだ。「吉備」という国名は農業（稲作）でも先進地だったことから五穀の「黍《きび》」にちなんで付けられたとも云うが、その農業を支えたのが「鉄」だったのである。ついでに云えば、中世以降全国ブランド化した「備前長船」の刀剣文化も古代吉備の「鉄」作りの遺産であろう。

ところで「出雲」や「吉備」には「大和」や「筑紫」に見られる〝青銅器製造跡（鋳型など）〟が無いというが、これは逆に製鉄技術を有していたからではないか？（出雲の荒神谷遺跡からは大量の青銅器が出土したが、これらが地元で製造された確証はない。「大和」や「筑紫」で製造されたものがかなりあるそうだ）。

また、「吉備」でも銅鐸は出土しているが、吉備の銅鐸や楯築《たてつき》遺跡の「旋帯文石」には眼や人面が描かれている。これは吉備だけに見られる特徴らしいが「眼」や「人面」が何を意味するのか、妄想の働くところである。

余談だが、地名について調べると渡来人の住み着いた所が分かるという（谷淵陽一『岡山古代史の謎と渡来人』吉備人出版）。岡山には新羅系を中心に渡来人由来の地名が多いが、一例を挙げておこう。新羅系として秦（幡多、半田、服部）、香登《かがと》、可知、辛香《からこ》、辛川、周匝《すさい》など、百済系として大多羅、阿知、須恵、英田《あいだ》など、加耶（任那）系として賀陽《かよう》がある。

三　「大和」と「吉備」

以上見てきた様に「鉄」を通じて「吉備」と「出雲」が繋がっていたことが分かるが、結局共に「大和」に屈服した経緯について触れてみたい。

記紀神話において大国主神《おおくにぬしのかみ》（「出雲」）から天照大御神《あまてらすおおみかみ》（「大和」）に「葦原中津国《あしはらなかつくに》」の国譲りがなされたことは大変有名である。ただこの話は所詮「神話」つまりフィクションであって、史実としては「出雲」は先に「大和」の先鋒となっていた「吉備」によって制圧された、と改めて記される（『日本書紀』崇神天皇記…3世紀頃か?）。高梁川を遡《さかのぼ》って（現在の伯備線に沿って）「出雲」に侵攻した吉備軍の大将が四道将軍吉備津彦命《きびつひこのみこと》と盟友武沼河別命《たけぬなかわわけのみこと》であり、敗れた出雲の将は出雲振根《ふるね》という。まぁ「国譲り」よりは史実に近いだろう。ちなみにそれ以前に「吉備」において先住民「温羅《うら》」を滅ぼしてこの地に覇を唱えたのも吉備津彦命《きびつひこのみこと》である（これが〝桃太郎伝説〟に転じたことは云うまでもない）。

吉備津彦命《きびつひこのみこと》の子孫が「吉備氏」ということであろうが、一方で吉備氏も温羅《うら》と同じ渡来系（秦氏?）との俗説もある（筆者は支持しないが）。「出雲」を制圧した「大和」は当然既に「吉備」も抑え込んでいるが、これには先述した通り戦国大名よろしく盛んに「政略結婚」（「吉備」から「大和」への嫁取り）を活用した。「吉備」は美人も多かったに違いない。ここでは先ほどの谷淵陽一氏の著作『岡山古代史の謎と渡来人』中「吉備の三姫と大和朝廷」の章からいくつか抜書きさせて頂きたい。

「兄媛《えひめ》」

応神天皇の妃には吉備国造《くにつくり》一族から吉備武彦の娘・御友別《みともわけ》の妹兄媛《えひめ》を差し出した。…ある時、天皇は兄媛が故郷が恋しいと泣いているのを聞いて吉備国に帰したが、天皇も兄媛が恋しくなって吉備国葉田《はた》葦守《あしもり》宮（岡山市下足守）に行幸した。兄媛の兄御友別は天皇を充分にもてなし、天皇は大変喜ばれて吉備国を分割して御友別の兄弟や子供に分け与えた。

吉備国の分割

下道《しもつみち》　県　長子　稲速別《わけ》（下道臣祖）

上道《かみつみち》県　中子　仲　彦（上道臣祖）
三野《みの》県　三子　弟　彦（三野臣祖）
波区芸《はくき》県　弟　鴨　別《わけ》（笠臣　祖）
苑《その》県　兄　浦凝別《わけ》（苑臣　祖）」

谷淵氏は『日本書紀』に依って述べられている。応神天皇といえば4世紀後半頃か、資料の乏しい時期だけに妄想が働くところだ。この天皇は薨去後「八幡神」に祀り上げられ後代に宗教的影響を及ぼす（「八幡社」は全国に７８００以上ある）のだが、かの女傑神功皇后（シングルマザー）に育てられた。恐らく女性には優しかったのではなかろうか？この時期は「大和」と「吉備」も至極円満であり、吉備氏も多くの係累に分かれて栄えたという訳だ（後に「下道臣」から吉備真備が出ている）。応神天皇の子が仁徳天皇である。

仁徳天皇の妃であった黒日売《くろひめ》は、吉備の海部直《あまべのあたえ》の娘であったが天皇に大変愛された。これが皇后の岩之日売命《いわのひめのみこと》の嫉妬をかい吉備国に逃げ帰った。天皇は黒日売を慕って、

「黒日売《くろひめ》
沖方には小舟連らくくろざやの　まさづ子
吾妹《わぎも》　国へ下らす

天皇は黒日売を追って淡路島に座して遥かに吉備を眺めて、

おしてるや　難波の崎よ　出で立ちて
我が国見れば淡島（淡路島）　おのころ島

あじまさの島も見ゆ　放つ島見ゆ

淡路島経由で吉備国に入られた天皇は、吉備山方で黒日売と再会し喜びを謳われた。

…吉備路の備中国分寺付近にある『こうもり塚』をくろひめ塚と呼んで黒日売の墓とする説もあった。」

なんとも心優しい天皇が続いたものである。

仁徳天皇といえば有名な「民のかまど」の逸話などその名通りの仁政を行ったとされるが、好色家の一面もあったと記紀にある。この面を強く受け継いだのが仁徳の孫にあたる雄略天皇だ。（中国の『宋書』にある5世紀の「倭の五王」は仁徳（讃）に始まり雄略（武）に終わる。俗に「応神王朝」といわれる時代のことである）。

こうもり塚古墳

雄略天皇の時代、上道臣田狭《かみつみちたさ》は大和朝廷に出仕していたが自分の妻の稚媛《わかひめ》が才色兼備であると自慢をしていた。

この話を聞いた天皇は田狭《たさ》を任那《みまな》国司に任じて朝鮮半島に追放し、その留守に稚媛を妃にしてしまった。

上道臣田狭の反乱

妻を奪われた田狭は新羅と組んで雄略天皇を倒そうとしたが、怒った天皇は田狭の子供に父を討たすため、新羅に向かわせた…」

今度はひどい天皇である。妻を寝取られ息子に攻められる田狭という人物も気の毒だが、この息子（「弟君《おとぎみ》」）もさすがに天皇の命に背き父に合流しようとして暗殺された。その後田狭の消息もわからなくなる。哀れこの上ない。

一方稚媛だが、〝暴君の夫帝〟雄略崩御後復讐に討って出た。すなわち雄略との間に生まれた星川皇子を天皇にせんと、田狭との間にできた吉備氏の子らも束ねて皇太子白髪皇子に宣戦したのである。が、これは白髪（清寧天皇）の武力であえなく潰された。俗に〝稚媛の反乱〟とも云われる。星川皇子は殺されたが稚媛の消息はわからない。母子ともども大蔵（国の管財庫）で焼き殺されたとも云う。しかしこの反乱が成功していたら、「吉備」が「大和」を抑えて覇者になっていたかもしれないのだ。この妄想は面白いが不敬なのでやめる。しかし岡山人としては知っておきたい話だ。

〝暴君〟雄略天皇は他にも吉備氏の下道臣前津屋《さきつや》の一族を大した理由もなく惨殺するなど「吉備」に爪跡を残している。応神や仁徳の頃とえらい違いだ。その因果応報ではないが、雄略の子孫は6世紀になって死に絶え、「継体王朝」へと移行するのである。

6世紀初めに越の国（北陸）から担ぎ出された継体天皇は、抵抗勢力（応神王朝を支えた葛城氏など）も多く長い間「大和」に入《はい》れなかった。その間に力を付けていったのが葛城氏の下にいた渡来人蘇我氏である。継体天皇の〝大和入府〟に尽力した功績で蘇我氏は葛城氏の地位を継承し、次の安閑天皇時代には「吉備」制圧のため吉備国に史上2番目の「屯倉《みやけ》」（公地公民制を敷いた直営農場、最初は筑紫に置かれた）を設けた。「白猪屯倉《みやけ》」（真庭市）と「児島屯倉《みやけ》」（倉敷市）である。蘇我氏は「吉備」を抑えつつ後の大化の改新の布石をここで打っていたのだ。蘇我氏はさらに次の欽明天皇の時代、仏教を政治的に摂取して物部氏・中臣氏を追い越し「大和」最強豪族となっていった。ちなみに岡山県南に多い「三宅」という姓の根源の一つは蘇我氏の「屯倉《みやけ》」である。

四　「吉備」その後

「大化の改新」が視野に入ってくれれば本稿もそろそろ終盤ということになる。5世紀末の〝稚媛の反乱〟を最後に「吉備」からの不穏な動きは消え、東備（吉井川流域）には神功皇后によって〝派遣〟された弟彦王（垂仁天皇五世）の子孫「和気氏」が一種監視役として存在した。大化の改新後7世紀末に「吉備」は「備前」「備中」「備後」に分割・解体（飛鳥浄御原令）されていくのだが、「吉備氏」は8世紀の吉備真備に代表される優秀な官僚や学者を輩出して「大和」（天皇家）の国政に貢献した。

吉備真備

「吉備」人については司馬遼太郎氏の次の批評が面白い（『歴史の夜咄』小学館より）。

「吉備と岡山県人は……非常に聡明という印象をわれわれ他国人は持ちますね。聡明で役人型であって、むろん学者も出ますが、大体役人であって、反骨心のある方もおられるけれども、大体が体制内反乱であって、巨大な反乱を起こさない。温和で役に立つといった感じの人が多いように思います。（笑）」

司馬は大阪人だから「大和」の人とも云える。「大和人」司馬の「吉備人」評を読者はどう思われますか？（「反骨心のある方」というのは犬養毅などのことかと思われるが、元関西人の筆者には司馬の批評は概《おおむ》ね頷ける）。

この辺で肩の力を落として「妄想論」を一席ボヤいてみよう。「吉備」＝岡山は確かに体制順応型の秀才を多数輩出し、近代には「教育県」と称えられたりもした。しかし「大和」ならぬ「東京」から称えられたところで面白いだろうか？「教育県」の真意を県の幹部は分かっておられるのか？大切な「教育」の成果である若人を大挙して「東京」に送り出すのが「教育県」の役目であるならそんな「教育県」は無い方がよろしい。「教育行政」なるものは50年100年の大計を立ててするべきで、目先の全国学力テストの順位などどうでもよろしい。大宅壮一をして「日本のユダヤ人」とまで云わしめたしたたかな「岡山人」はどこに行ってしまったのか。特に政治家は体勢順応派ばかりが目に付くが、〝健全な野党〟を率いたかつての犬養毅のような反骨政治家はもう出ないのか？戦後は江田三郎・五月《さつき》の親子が一時気を吐いたが、既に遠い過去の話だ。岡山はこのまま「保守王国」で行くのだろうか？（「保守」と「保身」は違うと思うが）それも「天の声」なら抗《あらが》うべくもない。

折角「古代吉備」を語ったのだから最後は話を戻します。この際再び先達《せんだつ》市川俊介氏の『吉備ものがたり』（岡山文庫）から引用してまとめとさせて頂きたい。

「吉備社会は、弥生時代以来農耕の進展以外に塩と鉄という先端産業が発達。経済的に強大となり、いち早く政治的社会を形成した。それに続く古墳時代には、畿内の大王に匹敵する巨大古墳を造った吉備大首長は、大王の全国支配の野望と厳しく対立して、いくたびか反逆して敗北した。そして、大国吉備も次第に大和政権の大王の配下に入ってゆく。それからは、吉備大首長が大王の国内平定に積極的に協力することになる。この時の立役者として登場するのが、吉備津彦命《きびつひこのみこと》である。

（中略）

『記紀』の記事に相違は見られるが、いずれも大和王権による吉備平定であることには違いない。その主役が吉備津彦命であるが、『記紀』以外の記録は『吉備津神社社記』にしか見えない。命は吉備中山のふもとに茅葺宮《かやぶきみや》を造った。そこで吉備国の政治を行い、この宮で逝去し、墓は吉備中山に葬られたという。現在、その墓は宮内庁所管の『大吉備津彦命墓』と称せられる。」

繰り返すが、「岡山」は古い歴史・文化に恵まれた所である。ここで原点に立ち帰ってみればやはり「吉備津彦命」にたどり着くということか。（しかしその墓を宮内庁がお守りしているのだから吉備津彦命も結局は「大和」の御仁《おひと》なのだ。「吉備」＝岡山の人が体制順応的だとすればこの遺伝子の所為《せい》か？）

先ほどの〝ボヤキ〟を回収するためにも最後に少し政策提言をします。

「吉備」＝岡山の「地方創生」「地方活性化」の鍵はやはり「教育」である。それも「東京」に惑わされない「教育」、「吉備」＝岡山に資する「教育」すなわち「吉備」＝岡山の〝歴史・文化の継承〟でなければならない…。

…抽象的スローガンです。が、具体論は本稿の題《タイトル》から逸脱しすぎるのでここから先は別の原稿に回します。一緒に考えましょう。

（了）

著者略歴

今西　宏康（いまにし・ひろやす）

昭和39年兵庫県神戸市生まれ。昭和58年岡山県立岡山大安寺高等学校卒業。平成元年筑波大学社会学類卒業。新日本製鐵入社。平成7年岡山に帰郷。伯父・父の事業への参画を経て平成19年今西農園開設。平成29年合同会社オフィスイマニシ設立。㈱三協堂代表取締役。岡山ペンクラブ会員。岡山県和気郡和気町在住。

著書に『恕の人 犬養毅』（吉備人出版）『慶長三年醍醐寺の夜』（オフィスイマニシ）がある。

表紙の絵

『雲龍』青木毅（岡山県和気郡和気町）

令和時代に活かす『易経』
（〝陰〟の時代の生き方）

令和２年５月25日　初版第１刷発行

著　　者　今西宏康
発 行 者　合同会社オフィスイマニシ
〒709-0951
岡山市北区田中106-101（販売部）
TEL.086-244-0010
価　　格　800円＋税
印刷・製本　株式会社創文社

乱丁・落丁本はお取り替えいたします。

ISBN978-4-9910908-1-3 C0010 ¥800E